질문의 방향

질문의 방향

일하고 싶게 하고 성과 나게 하는
질문의 방향

초판 1쇄 발행 2019년 3월 20일
초판 2쇄 발행 2023년 5월 15일

지은이 우수명

펴낸이 우수명
발행인 우수명 | 책임편집 조현철 | 디자인 이호진 | 관리 박민하

펴낸 곳 (주)아시아코치센터 | 주소 서울시 강남구 역삼동 642-10 송암2빌딩 903호
                              논현로 509 송암 2빌딩 917호
전화 02. 566-7752 | 팩스 031. 905-7092 | 이메일 ceo@asiacoach.co.kr
출판등록 제 381-2005-000013호(2005. 3. 14)

ISBN 978-89-94025-75-9 03100   잘못된 책은 교환해 드립니다.

일하고 싶게 하고
성과 나게 하는

Hight

질문의
방향

Detail

Wide

Deep

우수명 지음

asia
COACH CENTER

코치는 질문을 통해 상대방으로 하여금 새로운 관점을 발견하게 하고 숨겨진 잠재력을 발휘하도록 도와주는 사람이다. 질문의 힘에 매료되어 20년간 코치의 삶을 살아온 저자는 존재 가치, 인간관계, 리더십의 세 가지 주제별 질문을 사용하여 변화를 도출하는 방법을 쉽게 안내해 준다. 전문 코치들에게는 물론, 리더가 되고자 하는 모든 사람들에게 큰 도움이 될 것이다.

강용수 | 한국코치협회 회장

대다수의 리더들을 보면 본인의 입장에서 구성원들을 가르치고 지시하게 된다. 반면 구성원들은 종종 리더의 말을 이해 못해서 답답해하고 무시당한 감정을 느끼는 경우가 많다. 리더들에게 질문에 대한 지침서가 아쉬운 상황에서 본서는 조직의 리더들과 사람을 다루는 모든 전문인들에게 큰 도움이 되리라 확신하다.

강창호 | 동국대 행정대학원 남북경협 최고위 과정 주임교수

나는 오랜 기간 사람들의 잠재력과 역량을 개발하는 탁월한 방법이 무엇일까 연구해 왔다. 코칭학회장이자 전문 코치로서 많은 사람들과 함께 연구하고 실행하면서 코칭이 이 고민들을 효과적으로 해결할 수 있음을 경험했다. 『질문의 방향』은 같은 길을 가면서 고민하는 사람들에게 좋은 소식이다. 이 책이 전문 코치의 질문 능력을 강력하게 만들고 독자들의 내면의 변화와 삶의 행복도를 효과적으로 높여 주리라 확신한다.

도미향 | 국제코치연맹 한국 챕터 회장

리더들은 늘 충고와 조언을 아끼지 않는다. 그러나 조언보다 더 효과적으로 상대의 마음을 움직이는 방법이 있다. 바로 질문이다. 이 책에 사람을 변화시키고 조직의 성과를 높이는 효과적인 질문방법들이 모두 담겨져 있다.

박미경 | 여성벤처협회 회장

세계적인 마스터 코치MCC인 저자는 빛의 속도로 변화하는 사회와 4차 산업혁명의 시대를 이끌어 가는 리더들에게 구성원들의 가치를 조직의 목표와 일치시키는 코칭 방법을 전수해 왔다. 세계최고의 마스터코치의 노하우를 담은 이

책은 이 시대를 살아가는 모든이에게 가이드가 될 것이다.

박성훈 | 다비치안경 부회장

구성원들을 어떻게 일에 몰입하게 만들고 이를 통해 고성과 조직을 구축할 것인가? 리더들은 이 고민을 해결하기 위해 다양한 방법론을 찾아 왔으나 이렇다 할 해법을 얻지 못했다. 질문의 방향과 틀을 소개한 이 책은 일에 몰입하게 하는 질문 방법과 실제 사례들이 다양하게 포함되어 있어 리더나 독자들이 스스로 성찰하면서 읽어도 좋을 자기계발서임에 분명하다.

박응규 | 전 LG 인재개발원 상무

오랜 기간 조직과 고객의 가치를 올리는 일을 하면서 효과적으로 사람을 변화시켜 목표한 성과를 이루게 하는 방법을 고민해 왔다. 금번에 코칭계를 리드하고 있는 저자가 다양한 코칭 경험을 살려 『질문의 방향』을 출간하게 된 것을 기쁘게 생각한다. 조직의 리더들이 이 책에서 제시하는 질문의 방향을 잘 활용하여 구성원들을 변화시키고 목표와 성과를 탁월하게 이루기를 바란다.

배재훈 | 현대상선 대표

현장에서 다양한 이슈들을 스스로 해결할 수 있도록 코칭으로 도울 때 효과적인 질문들과 소통 기법, 문제 해결 방법에 대한 책이 필요했는데 저자 우수명 대표의 질문 책은 많은 코치들에게 매우 유용한 지침서가 될 것이라고 믿는다.

윤여순 | 전 LG아트센터 대표

4차 산업혁명으로 산업 간의 경계가 무너지고 비즈니스의 불확실성이 한층 높아진 상황에서 기업이 경쟁력을 갖추는 방법으로 애자일 방법론이 도입되고 있다. 이 책은 애자일 조직의 리더가 필수적으로 갖추어야 할 코칭 리더십과 질문들을 총망라하고 있다. 빠르게 변화하는 IT 업계에서 애자일 코칭이 필요한 조직의 리더와 구성원들에게 있어서 이 책은 필독서다.

정진수 | 전 삼성전자 전무

나는 매일 수시로 스스로에게 습관적으로 질문한다.

'지금 나에게 가치 있는 것은 무엇인가?'

'이 일을 하는 것이 나의 목적에 얼마나 도움이 되는가?'

복잡한 이해관계로 얽혀 있어서 진퇴양난일 때, 한 번도 시도해 본 적 없는 새로운 것을 선택해야 할 때, 누군가를 만날지 말지 결정해야 할 때 가치 중심의 질문들은 나의 직관과 통찰을 움직여 탁월한 답을 선사한다. 늘 이렇게 자문자답을 좋아해서 질문하는 코칭을 더욱 좋아하게 되었다.

좋은 질문은 좋은 답을 이끌어 낸다. 새로운 것에 호기심을 갖도록 질문하면 창조적인 생각으로 이어지기 때문이다. 또 목표를 세우도록 질문하면 통찰력을 작동시켜 솔루션을 찾고 바로 행동하도록 만든다. 이러한 '질문의 힘'에 매료되어 코칭 전문가로 활동하게 된 지 20년이 되었다. 그동안 '사람을 세운다'는 꿈을 실현하기 위해 오직 한 길 코치의 삶을 걸어왔는데, 지금의 사회는 그 어느 때보다 코치를 필요로 하는 시대가 되어 벅찬 기쁨을 느낀다.

과거 질문은 과거의 잘못한 것을 변명하거나 후회하게 만들고, 미래 질문은 시각을 미래의 가능성과 희망으로 옮겨 준다. 이처럼 질문은 사람의 마음과 시각을 부정적으로 만들기도 하고 긍정적으로 만들기도 한다. 과거에도 우리는 늘 질문을 사용했지만, 그 목적과 방향이 완전히 달랐다. 과거에는 나의 유익을 위해 질문을 사용했다면 현재는 타인의 유익을 위해서 질문을 사용한다. 질문에는 각각 그 목적과 의도가 있고 명확한 방향성이 있어서 질문에 따라 답이 달라질 수밖에 없다. 그래서 사람의 마음을 움직여 공동의 목적을 달성하고 더 많은 사람들에게 도움을 주고자 하는 사람이라면 질문의 방향을 명확히 이해하고 효과적으로 사용할 필요가 있다.

이 책은 질문을 어떻게 사용할 것인지에 대해 코칭 현장에서 가장 많이 다루는 주제별로 풀어냈다. 인생에서 가장 중요하게 다루어지는 주제는 존재 가치다. 이 땅에 존재하는 가치를 인식하지 못한다면 자신의 삶에서 위대한 목적을 이루거나 행복을 찾는 방법도 알 수 없다. 그래서 코칭에서는 존재 가치를 찾아 진정으로 의미 있고 가치 있는 삶을 살도록 돕는 과정이 포함된다.

다음으로 자주 등장하는 주제는 인간관계다. 인간관계는 실질적으로 삶의 질과 행복 수치에 중요한 영향을 끼치는 요소이기 때문이다. 그럼에도 삶의 고통과 슬픔의 많은 부분이 인간관계에서 발생하기 때문에 대인관계 능력의 개발이 그만큼 중요하다. 마지막으로 자주 등장하는 주제는 리더십이다. 리더에게 중요한 것은 사람들에게 영향력을 끼쳐서 성과를 극대화하는 것이다. 코치는 다양한 분야의 리더들이 자신의 탁월한 역량을 개발하여 가족과 조직, 사회가 발전하도록 긍정적인 영향을 끼치고 존경받는 사람이 되도록 돕는 전문가라고 할 수 있다.

이 책은 우선 '인생에서 가장 중요한 3가지 주제'가 실제로 중요한 이유가 무엇인지를 사회 현상과 일상의 구체적인 사례를 통해 살펴본다. 이어서 우리 인생의 많은 문제들을 이 주제들을 통해 탁월하게 해결할 수 있도록 질문으로 돕는 방법을 제시한다. 질문들은 그 역할과 목적에 따라 다양하고 방대해서 전문가가 아닌 일반인들이 일일이 기억하고 사용하기는 힘들다. 본서에서는 이 질문들을 누구나 어떠한 상황에서도 쉽게 사용할 수 있도록 기초적이고 간단한 틀에 얹어서 구조화했다. 또한 사안의 중요성과 목적, 원하는 방향에 맞게 효과적으로 응용하도록 강력한 질문과 질문의 방향 등으로 구분했다.

조직의 리더, 전문 코치, 일반 독자를 불문하고 누구든지 탁월하게 소통하고 영향을 끼치려는 사람들에게는 본서에서 제시하는 질문의 방향을 아는 것이 큰 힘이 될 것이다. 또한 필자의 실제 코칭경험을 살려 실생활이나 업무 현장에서 마주치는 문제들을 코칭으로 풀어가는 대화 프로세스를 제시해 질문을 사용하는 사례를 보고 응용할 수 있게 했다. 나아가 코치형 리더나 코치들이 코칭 시 주의해야 할 내용들을 '코치가 하면 안 되는 것'이라는 주제로 모아서 코칭 결과를 효과적으로 이끌어 내는 데 도움이 되도록 했다.

이러한 내용들을 독자의 필요에 맞게 응용하면서 자신의 일과 삶의 영역에서 존재 가치를 실현하고, 인간관계와 리더십의 목적을 탁월하게 이루어 가치 있고 행복한 삶을 살게 되기를 희망한다.

2019년 4월
우수명

Detail

Deep

Hight

Part **1**

사람을 움직이는
3가지 핵심

Wide

．
．
．

나의 얼굴이 어떤 상태인지
자신에게는 보이지 않는 것처럼
나의 가치는 자신에게 잘 보이지 않는 법이다.
그래서 거울을 비춰 주듯
나의 존재 가치를 관찰하고
찾아 주는 사람이 필요하다.

．
．
．

01.
사람을 깨우는 존재 가치

가장 가치 있는 것

코치로서 수많은 사람들을 만나면서 보다 의미 있고 가치 있는 삶을 살고자 고민하는 사람에는 세 가지 부류가 있다는 사실을 알게 되었다. 자신이 하고 싶은 것이 무엇인지 모르는 사람, 자신이 하고 싶은 것이 무엇인지 알지만 하지 않는 사람, 자신이 하고 싶은 것을 알고 있고 실제로 행하는 사람이 그것이다. 이 세 부류의 사람들 중 세 번째는 이미 자신의 길을 명확하게 찾은 행복한 사람이라고 할 수 있다. 그러나 앞의 두 부류는 아직 진정한 삶의 만족과 행복을 경험해 보지 못하고 혼란과 불안의 시간들을 보내고 있을 것이다. 성공적인 삶을 살기 위해 우선적으로 해야 할 일은 '자기 자신을 찾는 것'이다. 자신이 이 땅에 왜 태어났는지, 존재 가치는 무엇인지, 좋아하는 것, 강점, 기회 등을 탐색하여 진정한 자기 자신을 찾는 것이 중요하다.

수시로 닥쳐오는 크고 작은 장애와 고난들을 잘 극복하고 남보다 순조로운 성장을 이루어가는 사람들의 비결은 무엇일까? 과거 수많은 리더들이 성공한 사람들의 공통분모를 찾아내려고 연구하고 관찰한 데이터들은 무수히 많다. 하지만 필자가 지난 20여 년간 코칭과 다양한 사람들을 만난 경험을 통해 내린 결론은, 사람들의 인생을 가장 가치 있고 의미 있게 해 주는 것은 자신의 삶에서 존재 가치를 의식하며 사는 것이다. 실상 우리의 인생 전반이 자신의 존재 가치를 탐구하고 찾아가는 여정이라고 할 수 있다. 즉 인간이란 그 여정에서 마주치는 장애와 기회 앞에서 가치 있는 선택을 하면서 좌절과 성공을 경험함으로써 조금씩 변화하고 성장해 가는 존재인 것이다.

　사람들은 모두 자신이 얼마나 가치 있는 사람인지 알고 싶어 한다. 어떤 사람은 스스로 계속해서 질문하고 답을 찾다가 결국 자신만의 답을 찾기도 한다. 그러나 아무리 찾아도 진정으로 필요한 답을 찾지 못하고 생을 마감하는 사람들도 많다. 너무도 간단한 원리인데 사람들이 간과하는 것이 있다. 그것은 바로 내 속에 가치 있는 것을 채우면 가치 있게 되고, 가치 없는 것을 채우면 가치가 떨어진다는 것이다. 사람들이 답을 찾기 위해 평생을 방랑자처럼 이곳저곳을 배회하고 이런저런 사람들을 만나고 수많은 일을 해도 답을 찾지 못하는 이유는 답이 바로 자기 안에 있기 때문이다. 사람들은 좋은 것은 멀리 있을 것이라고 믿는 경향이 있다. 그러나 가장 가치 있는 것, 가장 중요한 것은 외부에 있지 않고 바로 자기 안에 있다는 것을 인식하는 사람은 결코 인생을 헛되이 보내지 않을 것이다.

코치: 존재 가치를 찾아 주는 사람

사람들은 어릴 때부터 자신도 의식하지 못하는 사이에 가족이나 교사, 주변 사람들로부터 '너는 가치가 없어'라는 사인을 지속적으로 받으면서 자란다. 그리고 그 가치를 채우는 방법은 똑똑해지거나 올바르지 않은 방법으로라도 다른 사람들로부터 인정받고 칭찬받는 것이라고 생각한다. 그래서 대부분 사람들은 어릴 때부터 수없는 실망과 자괴감으로부터 형성된 낮은 자존감을 가진 채 자라간다. 누가 봐도 사회적으로 성공했다고 말할 수 있는 높은 지위에 있는 사람도 낮은 자존감을 가진 채 행복을 느끼지 못하고 사는 경우가 많다.

이런 현상은 아무래도 과거 우리나라의 가정과 교육 환경 탓이 크다고 볼 수 있다. 나이든 사람들의 과거 삶의 환경은 지금과 매우 달랐다. 하지만 시대가 바뀌고 환경이 바뀌어도 여전히 과거의 경험을 기초로 의사 결정을 하고 옛날 방식의 언행을 반복하면서 사는 사람들이 많다. 그래서 세대 차이에서 오는 갈등과 의견 대립이 가정이나 조직마다 불거져 나오는 것이다.

코치형 리더는 사람들이 존재 가치를 찾고 자신의 가치를 일상에서 실현하며 행복하게 살도록 돕기 위해 존재한다. 코치가 사람들로 하여금 자신의 존재 가치를 인식하게 하고 명확하게 찾도록 의도한 질문을 한다면 상대방은 대답하는 과정에서 자신을 더욱 깊이 들여다보고 존귀한 가치를 깨닫게 된다. 누구든지 사람들에게 보다 깊은 관심을 갖고 상대의 내면으로부터 빛나는 가치를 찾으려고 노력한다면 반드시 찾을 수 있을 것이다. 단, 존재 가치는 자기 안에서 찾아야 하기 때문에 본인이 스스로 찾기 힘들다는 점이 난제다. 나의 얼굴이 어떤 상태인지 자신에게는 보이지 않는 것처럼 나의 가치는 자신에게 잘 보이지 않는 법이다. 그래서 거울을 비춰 주듯 나의 존재 가치를 관찰하고 찾아 주는 사람이 필요하다.

다음은 사람들이 스스로를 들여다보며 존재 가치를 찾도록 거울이 되어 주는 질문들이다.

- 당신의 장점은 무엇인가요?
- 사람들이 당신에게 무어라고 칭찬하나요?
- 무엇을 할 때 가장 마음이 편안한가요?
- 보상이 없어도 즐겁게 할 수 있는 것은 무엇인가요?
- 당신의 꿈은 무엇이며, 그 꿈을 이루려고 하는 이유가 뭔가요?
- 꿈을 이루면 당신은 어떤 모습이 되나요?
- 당신의 성공한 모습은 무엇이며, 성공했을 때 사람들에게 어떤 말을 듣기 원하세요?
- 자신의 묘비명에 어떤 사람이라고 쓰여 있기를 원하세요?

존재 가치를 어떻게 찾는가?

위의 질문들은 내가 이 땅에 태어난 이유, 즉 존재 가치를 찾도록 돕는다. 이러한 질문을 받은 사람은 자신을 깊이 들여다보게 되고, 자기 안에 숨겨진 가치를 발견하고는 놀라게 된다. 자신이 얼마나 귀한 존재인지 발견하는 순간 누구든지 가슴 깊은 곳으로부터 기쁨과 감동을 느끼게 마련이다. 질문들은 아주 평범해 보이지만 질문을 받는 사람에게는 그렇지 않다. 사람의 가슴속 깊이 내재된 열정과 에너지를 느끼게 하기 때문에 질문을 받는 사람에게는 매우 특별하게 들린다. 그래서 질문을 받는 사람들은 놀라운 답을 내놓는 경우가 많다. 만일 자신의 가치가 무엇인지 확실하게 느끼지 못했다면 그것은 아직 이런 질문을 해 주는 사람을 만나지 못했기 때문일 것이다.

부모나 교사, 상사 등은 사람을 성장시키는 중책을 맡은 사람들이다. 인생을 살아오면서 주요한 시기에 만나게 되는 이 사람들은 나의 가치를 찾고 자아를 실현하도록 도와주는 아주 중요한 사람들이다. 인생에서 이런 사람들을 만나는 것은 분명하지만, 그렇다고 해서 반드시 그들이 위의 질문처럼 나의 가치를 찾게 해 주거나 강화시켜 주는 것은 아니다. 우리 인생에 가장 영향을 끼치는 사람들이 때와 상황에 맞게 질문을 잘해 주었다면 우리 모두는 높은 자존감을 가지고 마음껏 자아실현을 하면서 행복하게 살았을 텐데 말이다. 하지만 아쉽게도 대다수 사람들은 여전히 자신의 존재 이유와 가치가 무엇인지 알게 해 줄 누군가를 찾아다닌다. 지위가 높은 사람이나 경험 많은 사람을 불문하고 자신의 가치를 찾고 그 가치를 현재의 일상에서 실현하며 사는 방법을 찾고 있는 것이다.

우리는 아주 단순한 원리를 사용하여 스스로 가치 있는 삶을 살아갈 수 있다. 스스로 내 안에 '가치 있는 것을 채워 나가는 것'이다. 이 작업은 아주 간단하고 즐겁기까지 하다. 이 세상에서 자신의 가치를 찾는 시간만큼 감동적이고 흥미로운 일은 없을 것이다. 존재 가치를 찾는 방법은 두 가지다. 하나는 코치의 질문과 피드백을 통해 찾는 방법이고, 다른 하나는 스스로 질문하면서 내면에서 일어나는 통찰로 깨달아 가는 것이다. 코치는 각 사람들로 하여금 자신의 존재 가치를 찾아서 삶의 여정 가운데 실현하고 행복한 삶을 살도록 가장 잘 도울 수 있는 사람이다. 우리는 이 책을 읽어 가면서 자신의 존재 가치도 찾고 다른 사람들의 존재 가치도 찾아 줄 뿐 아니라 그것을 일상에서 실현해 나가도록 돕는 탁월한 방법을 배우게 될 것이다.

02.
인간관계가 행복을 결정한다

대인 관계 능력

우리는 흔히 '저 사람은 왜 말뜻을 이해 못하지?' 하고 의아해하거나 "당신은 왜 내 마음을 이해하지 못하죠?"라는 말을 들어본 적 있을 것이다. 이는 사람마다 상황을 받아들이는 방법, 해석하는 방법, 전달하는 방법이 다르기 때문이다. 사람들은 제각각 얼굴이 다르듯 생각 방식, 표현 방식, 행동 방식도 다르다. 때문에 각자의 독특한 스타일을 이해하지 못하고 인간관계를 맺게 된다면 종종 서로를 오해하고 미워하고 깊은 갈등에 휘말릴 가능성이 높다.

내가 원하지 않는데도 이상하게 이러한 갈등은 인생에서 지속적으로 벌어진다. 그 이유는 바로 인간이 태어날 때부터 갖고 있는 독특한 스타일과 이해 방법 때문이다. 스타일에 맞지 않는 방법으로 소통하거나 인간관계가 지속될 때 상호 간에 불편이 생기고, 불편이 조금씩 쌓이다 보면 감정의 골이 깊어지고, 결국은 갈등으로 드러나게 된다. 인생에서 반복적으로 나타나는 이러한 인간관계의 갈등은 삶의 평안과 행복을 앗아간다.

사람이 살아가는 데 있어서 행복 수치를 올려 주는 3가지 요소를 보통 돈, 건강, 인간관계라고 말한다. 돈은 생계를 지탱하는 필수적인 것이라 중요하고, 건강은 생명의 유지와 신체의 아픔과 관련된 문제이기 때문에 마찬가지로 중요하다. 한편 인간관계는 타인과 연관되어 있고 심적인 고통을 유발하기는 하지만, 스스로 컨트롤하기 쉽지 않다는 점에서 위 두 가지 요소보다 해결하기 어려운 문제라고 할 수 있다.

실상 삶의 괴로움과 슬픔의 많은 부분들이 인간관계에서 벌어지는 일이다. 가족과 직장 동료, 친구, 주변 사람과의 관계에 따라 마음이 기쁘기도 하고 슬프기도 하다. 그러면 인간관계를 잘하는 사람과 잘하지 못하는 사람의 차이는 무엇일까? 결론부터 말하자면, 인간관계를 잘하는 사람은 사람의 마음을 깊이 이해하고 공감하면서 상대의 선호와 의도를 반영하고 맞추는 능력이 잘 개발된 사람이라고 할 수 있다.

우리는 이런 사람을 감성 능력이 뛰어나고 사교적인 사람이라고 말한다. 다행인 점은 우리가 이런 능력을 선천적으로 가지고 태어나지 않았다 해도 필요를 느낄 때 언제든지 스스로 개발할 수 있다는 것이다. 즉 누구나 가지고 태어나는 각기 다른 성격과 재능, 말하고 반응하는 방식, 일하는 방식 등 몇 가지 특징을 이해함으로써 인간관계를 보다 효과적으로 할 수 있다. 그래서 코칭에서는 심리

유형, 행동 유형, 학습 스타일, 잠재력 분석 등을 통해 인간을 이해하는 데 많은 시간을 투자한다. 그밖에도 사람마다 지식, 경험, 인간관계에 차이가 있기 때문에 이 차이를 이해하고 대응하는 능력 또한 필요하다. 만약 인간의 생각과 언행의 근원이 되는 이런 복잡한 요소들을 무시하고 모든 사람을 똑같은 방식으로 대하고 소통하려고 한다면 수많은 오해와 갈등이 빚어질 수밖에 없다. 그래서 우리가 코칭을 할 때에는 상대방의 특성을 민감하게 살피면서 이에 맞추려는 노력이 필요하다.

인간관계가 넓다고 행복할까?

내가 만난 대부분의 리더들과 부모, 학생 등은 자신의 인간관계 능력이 부족함을 호소하면서 관계를 잘 맺는 방법과 노하우를 배우려고 했다. 그들은 왜 그렇게 인간관계를 잘하려고 하는 것일까? 그것이 바로 삶을 살아가는 가치와 행복 수치에 밀접하게 연관되어 있기 때문이다. 사람들은 누군가에게 자신의 존재를 확인 받고 싶어 하고 자신의 존귀함과 가치를 인정받고 싶어 한다. 그것이 확인될 때 가치 있다고 생각하며 만족과 행복을 느끼기 때문이다. 그래서 인간을 사회적 유기체라고 부르는 것이다. 인간관계가 적거나 원활하지 못한 사람은 자신이 뭔가 부족하고 결여 되어 있다고 느끼면서 그 부분을 개선하려고 부단히 노력한다.

그런데 인간관계가 삶의 질이나 행복 수치에 큰 영향을 미치는 것이라면 많은 사람을 아는 것이 중요할까? 결론부터 말하자면, 자기에게 필요한 좋은 사람을 만나는 것이 더 중요하다. 즉 인간관계를 '얼마나 많은 사람들을 만나는가'라는 양적 차원에서 볼 것이 아니라 '나를 진정으로 지지해 주고 도움을 주는 사람이 있는가'라는 질적인 차원으로 보아야 한다. 서로의 관계를 소중히 하고 순수한 마음으로 도우려는 진정성 있는 질 높은 지인 3명이 있다면 이것을 적은 숫자라고 할 수 있을까? 아니면 인사 정도는 하고 지내지만 서로 돕거나 의지할 수 없는 수백 명의 지인을 두고 많은 숫자라고 할 수 있을까? 자신이 인간관계의 기준을 어디에 두는지에 따라 달라질 것이다. 그래서 인간관계를 확장해 나갈 때 나는 어떤 기준으로 인간관계를 만들 것이며, 몇 명까지 확장할 것인가를 정하는 것이 좋다.

　톨스토이가 지은 동화 『세 가지 물음』에서 "가장 중요한 때는 지금이고, 가장 중요한 사람은 지금 만나고 있는 사람이며, 가장 중요한 일은 그 사람에게 선을 행하는 것"이라고 했다. 인간관계의 기본은 지금 만나는 사람을 소중히 여기며 좋은 관계를 유지하는 것이다. 가정이라면 부모와 자녀 간의 관계가 가장 소중하다. 직장이라면 당연히 상사와 부하, 동료 그리고 주요 고객이 될 것이다. 즉 가장 소중히 해야 할 인간관계는 거의 대부분 가까이에 있다. 그런데 너무 가까이에 있다 보니 소중함을 잊고 관계를 소홀히 하는 경향이 있다.

소통에는 상사나 부모에게 하는 것처럼 상향적으로 소통하는 관계가 있고, 부하나 자녀에게 하는 것처럼 하향적 소통이 있다. 그리고 친구나 동료처럼 옆으로 하는 소통도 있다. 우리는 소통을 많이 하는 사람들과의 인간관계를 더 소중히 여겨야 한다. 인간관계가 넓다고 행복한 것이 아니라 가까이에 있는 소중한 사람들부터 소통을 잘하는 것이 행복 수치를 올리는 데 더 큰 영향을 끼치기 때문이다. 이것이 인간관계의 중요한 열쇠다.

긍정적인 관계는 어떻게 확장되는가?

앤디 스탠리Andy Stanley는 그의 책 『다음 세대의 리더The Next Generation Leader』에서 다음과 같이 말한다.

코칭을 받지 않으면 어떤 영역에서든 자신이 가진 잠재력을 극대화할 수 없다. … 외부의 영향이 없으면 절대로 자신의 최대치를 발휘할 수 없다.

그의 말처럼 코칭은 사람들의 잠재력을 가장 탁월하게 극대화시키는 방법이다. 내가 경험한 좋은 코치들은 코칭을 시작할 때 먼저 상대방의 태도, 행동, 일과 삶에서 만들어내는 결과를 관찰하고, 그 사람의 강점과 보완점을 찾아낸다. 강점을 찾는 이유는 그것을 인정하고 칭찬하여 본인의 강점을 더욱 강화하고 잘 사용하도록 돕기 위해서다. 보완점은 강점을 약화시키거나 목적을 방해하는 장애물을 찾아내 제거함으로써 균형 있는 성장을 이루도록 돕는다.

현재의 위치에서 인정받는 탁월한 사람일지라도 자신의 성장을 위해서는 타인의 도움을 필요로 한다. 특히 아직 사용되지 않은 잠재력은 누군가가 객관적으로 관찰하고 찾아 주어야만 알 수 있다. 게다가 누군가 나의 강점을 알아봐 주고 그것을 칭찬해 준다면 고마운 마음이 생기고 닫혔던 마음도 열리게 된다. 아무리 화가 난 사람이라도 자신의 강점을 인정하고 칭찬해 준다면 마음이 누그러지게 마련이다. 이런 인정과 칭찬은 결국 상대방에 대해 관심을 가져야만 할 수 있고 강점을 보는 눈이 있어야 할 수 있다.

혹자는 사람을 보면 그 사람의 단점이나 개선할 점만 보인다고 말하기도 한다. 그런 사람은 "나니까 다 당신을 위해서 특별히 해주는 말이야"라고 말하면서 상대의 단점이나 실수만 끄집어낸다. 이런 사람들은 의외로 공명심이나 정직함이 강한 경우가 많다. 본심은 다른 사람에게 상처를 주려는 게 아니라 진짜 도와주려는 마음에서 하는 말일 것이다. 그러나 결과적으로는 상대방에게 서운한 마음을 갖게 하여 기분이 언짢은 상태로 헤어진 후 본인도 후회하기 마련이다.

사람은 누구나 단점과 강점을 모두 가지고 있다. 그래서 우리가 상대방과 신뢰와 존중의 관계를 형성하고자 한다면 그의 강점을 찾아내어 더욱 강화하고 축하하는 데 에너지를 집중해야 한다. 사람들은 자신의 약점과 부족함을 지적하는 사람이 아니라 그것을 극복할 수 있도록 자신의 숨은 잠재력과 강점을 찾아 줄 누군가의 힘을 필요로 하기 때문이다. 그래서 우리가 사람들에게 바로 그 누군가, 즉 코치나 삶의 파트너가 되어 준다면 그들의 신뢰와 존중을 얻을 수 있을 것이다.

03.
코치형 리더가 탁월한 조직을 만든다

좋은 영향력

'영향력'이란 다른 말로 힘power이다. 『21세기 정치학대사전』에 따르면, 영향력이란 말은 정치나 조직, 리더십에서 자주 사용된다. 어떤 수단을 사용하여 상대의 행동을 변화시키려고 하거나 그대로 유지하게 하려는 경우, 그것이 어느 정도 성공할 것인지를 나타낸 것이 힘의 양이라고 한다. 예를 들면, 어떤 수단을 강구해도 상대방의 행동이 변하지 않는다면 영향력힘이 없다고 말한다. 역으로 그 수단을 강구해 비로소 상대방의 행동이 크게 변했다면 영향력이 크다고 할 수 있다. 변화의 범위가 크면 클수록 영향력도 커지는 것이다.

동물은 죽어서 가죽을 남기고 사람은 죽어서 이름을 남긴다고 하는데, 리더가 남겨야 할 것은 바로 영향력이다. 리더십이란 사람들에게 영향력을 끼쳐서 그들이 움직이도록 하는 힘이라고 할 수 있다. 사람들은 모두 누군가에게 영향을 끼치고자 하는 욕구가 있는데, 나쁜 경우도 있고 좋은 경우도 있다. 나쁜 경우는 이기적인 욕구의 충족을 위해 다른 사람을 이용하는 것이다. 예를 들면, 세상의 범죄와 부정적인 사건들은 나쁜 영향력을 행사하는 사람들이 만들어내는 것이라고 할 수 있다. 나쁜 영향력은 자신만의 유익을 추구하기 때문에 누군가에게 손해를 입히고 영향력의 크기나 기간에 따라 인간관계나 조직 또는 사회를 파멸로 몰아가기도 한다. 요즘처럼 정보가 빠르게 공유되고 가치관이 혼란한 사회에서는 옳고 그름의 잣대도 애매해서 나쁜 의도를 가진 사람의 파급력이 그 어느 때보다 크다.

반면 개인의 욕구를 채우기보다 다른 사람들의 유익을 위해 기여하는 사람은 좋은 영향력을 끼치는 사람으로 평가 받고 존경을 받는다. 코칭에서는 사람들이 리더십 의식을 가지고 주변과 조직, 사회에 기여하며 존경 받는 사람이 되도록 돕는 일을 중요하게 여긴다. 리더는 어디를 가나 자신이 떠난 자리에 긍정적인 영향력이 남을 수 있도록 해야 한다.

리더에 대한 기대가 바뀌었다

리더십leadership은 리더가 공동의 목표를 달성하기 위해 구성원들과 소통하며 영향력을 행사하는 과정이다. 리더는 구성원들을 일정한 방향으로 이끌어 성과를 창출해야 하는 책임이 있기 때문에 조직의 목표를 이루는 데 절대적인 영향을 끼친다. 이 때문에 조직에서는 리더들의 역량을 개발하고 강화하는 데 많은 시간과 자원을 투자한다.

경영학의 아버지라 불리는 피터 드러커Peter Drucker는 "조직의 성공은 리더십에 달려 있고, 리더십을 대체할 수 있는 것은 아무것도 없다"고 말했다. 경영 전략의 대가인 알프레드 챈들러Alfred Chandler는 "경쟁 기업 간의 승부는 비전을 가진 지도자의 의사 결정에 달려 있다"고 말했다. 리더에 대한 이러한 묘사는 지금도 여전히 설득력 있고 맞는 말이다. 하지만 리더에 대한 과거와 지금의 기대는 많이 다르다. 과거에는 리더 한 사람의 능력과 의사 결정이 조직의 운명을 결정한다고 보고, 구성원들은 팔로워로서 리더의 명령에 충실하게 따르는 것이 중요했다. 그러나 지금은 구성원들이 리더의 방식과 명령에 수동적으로 따르는 것이 아니라 자신의 생각과 방식을 반영하여 업무를 창의적으로 수행하는 자율적이고 자기주도적인 자세가 더 요구되고 있다. 이에 따라 리더가 해야 할 역할도 바뀔 수밖에 없다.

지금의 리더에게는 본인이 모든 책임을 지고 의사 결정을 하고 명령하는 역할을 기대하는 것이 아니다. 구성원들의 의견을 물어보고 그들의 생각과 방식을 경청하여 그들이 가장 잘하는 방식대로 탁월한 결과를 내도록 인정과 칭찬으로 피드백하기를 기대한다. 리더의 생각이나 방식은 과거의 산업 구조와 시스템에 맞추어진 것이기 때문에 다른 산업 구조나 새로운 사고방식을 가진 젊은 구성원들과는 차이가 크다. 그러므로 전문 지식이나 노하우가 많고 지혜가 풍부한 노련한 리더가 최고라는 생각은 버려야 한다. 또 옛날 방식대로 가르치고 권위적으로 지시하는 리더들은 이제 겸손해질 필요가 있다.

지금은 SNS나 인터넷, 유튜브 등을 통해 그런 지식과 노하우는 누구에게나 자유롭게 공유되고 있다. 즉 과거에 존재한 적 없는 완전히 새로운 방식을 사용하는 것이 오히려 더 효과적이다. 그래서 요즘의 조직이나 사회에서는 경험은 많으나 권위적인 지도자보다 젊고 유연하며 창의성이 뛰어날 뿐 아니라 자기 주도적인 구성원을 원한다. 다시 말해 권위와 힘으로 사람을 조종하고 지시나 명령을 하는 등 한쪽 방향으로만 소통하려는 사람을 기피한다. 대신에 구성원의 창의성과 주도성을 효과적으로 이끌어 내어 그들이 챔피언이 되고 성공하도록 돕는 코치형 리더를 원한다. 그것이 오늘날의 조직과 사회가 원하는 리더상이자 인재상이다.

리더는 구성원 한 사람 한 사람의 잠재력을 효과적으로 개발하고 그들의 능력을 통합하여 조직의 목표를 극대화하기 위해 존재한다. 업무에서도 기업이 요구하는 성과뿐만 아니라 개인의 행복까지 배려하는 워라밸work-life balance을 중요시하는데, 지금 시대의 리더는 조직과 기업의 성과뿐 아니라 구성원들의 개인적인 행복까지도 책임져 주어야 한다. 즉 지금 시대의 리더는 자신의 능력을 앞세워 자신이 챔피언이 되는 것이 아니라 구성원들이 스스로 자신의 가치 때문에 좋아서 일하도록 동기와 열정을 불러일으키고 그들이 챔피언이 되도록 돕는 탁월한 코치가 되어야 한다.

자신의 의무와 타인의 기대보다 '더 많은' 일을 하는 것이 바로 탁월함이다. 그러려면 최선을 다하고 '최고' 수준의 기준을 유지하며, '사소한 것' 하나까지 챙기면서 '더 먼 길'을 가야 한다.

권투 선수 잭 존슨Jack Johnson이 말한 것처럼 구성원들이 자신의 의무와 타인의 기대보다 더 많은 일을 하여 탁월해지도록 사소한 것까지도 놓치지 않는 섬세함이 리더에게 필요하다. 구성원들은 부모나 학교의 교사들이 미처 발견해 주지 못한 숨겨진 잠재 능력을 상사가 발견해 주기를 기대한다. 가족보다 더 많은 시간을 보내는 직장에서 자신의 재능을 찾고 개발하여 그것을 조직의 성장을 위해 쏟아붓고 싶어 한다. 그럼으로써 자신의 조직 안에서 챔피언이 되고 싶은 열망이 있는 것이다. 리더가 이처럼 구성원들을 각자의 영역에서 챔피언이 되게 하고 그들의 꿈과 목적을 이루게 한다면 그 결과로 조직과 사회는 더욱 경쟁력 있고 행복해지게 될 것이다.

세상에 나의 이름 남기기

우리는 매일 각종 미디어를 통해 연예인과 정치인 그리고 이런

저런 사람들의 뉴스를 접한다. 미디어에 나오는 사람들은 자연스럽게 이름이 널리 알려진다. 사람들은 자신의 이름을 알리기 위해 아주 다양하고 기발한 아이디어를 내거나 다양한 일을 수행한다. 반대로 나쁜 일이나 불의의 사고로 알려지는 경우도 많다. 하지만 대부분은 좋은 일, 즉 무언가 가치를 올려서 사회에 긍정적인 영향을 끼쳐서 이름이 명예롭게 되기를 원한다.

나이가 들면서 지식과 지혜가 더해 가고 경험이 쌓이면서 계속 성숙해지는데도 왜 인간은 계속 배우고 성장하기를 원할까? 그것은 스스로 더 가치 있는 사람이 되고 보다 가치 있는 결과를 남기고 싶어 하기 때문이다. 사람마다 가치 기준과 결과물은 다르지만, 어쨌든 인간은 자신의 가치를 높일 수 있는 결과를 남기기 원한다. 무언가 세상에 가치 있는 것을 남기고 사람들에게 기억되고 싶은 존재, 인간에게는 그런 본능적인 소망이 있다. 그래서 코치는 리더들에게 이와 관련된 질문을 빼놓지 않는다. "가족을 위해, 조직을 위해, 사회와 국가를 위해 어떤 유산을 남길 수 있나요?"라는 질문이 그것이다. 그런 질문을 받으면 사람들은 숙연해지고 자신의 삶을 돌아보면서 앞으로 어떻게 살아야 할지 진지하게 생각하게 된다.

벤저민 프랭클린Benjamin Franklin은 아침이면 '오늘은 어떤 좋은 일을 할까?' 밤이면 '오늘은 어떤 좋은 일을 했지?'라고 늘 자문하며 한평생을 살았다고 한다. 그는 나이가 들면서 그것이 질문을 넘어 강렬한 욕구로 자리 잡았다고 고백했는데, 곧 인간이란 가치 있는 일을 하려는 의도를 가진 존귀한 존재라는 것을 일깨워 준다. 우리가 알고 있는 모든 위대한 인물들은 사람들에게 가치 있는 일, 좋은 일을 함으로써 세상에 이름을 남긴 자들이다. 코치는 사람들이 '가족을 위해, 조직을 위해, 사회와 국가를 위해 귀중한 유산을 남기도록' 돕는 존재다.

가치 있는 일을 하면 행복해진다

필자는 계속 배우고 경험하고 깨달은 것을 통합하여 다른 사람들의 유익을 위해 기여하는 것이 가장 가치 있는 삶이라고 믿고 살았다. 배운다는 것은 계속해서 혁신을 시도한다는 것이고, 성장한다는 것은 기존의 틀을 깨고 새로운 경지를 열어간다는 의미이기도 하다. 혁신이 없다면 성장을 이룰 수 없고, 성장이 없다면 도태되어서 결국 인생의 보람, 의미, 행복을 느끼지 못할 수도 있다. 변화와 성장에 대한 욕구가 없어지면 자연히 꿈과 열정도 사라진다. 노벨문학상을 받은 작가 조지 버나드 쇼George Bernard Shaw는 인생의 기쁨은 위대한 목표를 위해 살아가는 데 있다고 말했다.

인생의 진정한 기쁨은 자신이 인정하는 위대한 목표를 위해 살아가는 데 있다. 우리는 이기적인 마음으로 세상이 자신을 행복하게 해 주지 않는다고 잔뜩 열을 내며 한탄한다. … 나는 내 힘을 온전히 다 사용한 후 죽고 싶다. 열심히 노력할수록 더 오래 사는 법이다. 나는 인생이 그 자체로 즐겁다. 인생은 금방 꺼져 버리는 촛불이 아니다. 인생은 내가 살아 있는 동안 굳게 움켜쥔 아름다운 횃불이며, 나는 그 불이 찬란하게 타오르다가 미래 세대에게 전해지기를 바란다.

버나드 쇼처럼 대부분 사람들은 열정적으로 배우고 성장하고 기여하여 후대에 이름을 남기는 삶을 가치 있게 여긴다. 그러나 당장 해야 할 급한 일에만 에너지를 소진하면서 평생을 사는 사람들도 많다. 그런 사람들은 삶에서 행복하고 가치 있는 시간을 가져 본 기억이 거의 없다고 말할 것이다. 인간은 가치를 느끼지 못하는 급하고 바쁜 일로 세월을 보내려고 태어난 게 아닌데, 그것을 알면서도 과감히 인생 궤도를 바꾸지 못한다. 하지만 이 책을 통해 리더의 영향력을 강화하는 방법과 사람들이 타인을 위해서 기여함으로써 더 의미 있고 행복한 삶을 살도록 돕는 지혜로운 방법들을 배워 보도록 하자.

Detail

Deep

Part 2

코치형 리더가
조직을 바꾼다

．
．
．

코치형 리더가 있는 조직의
가치와 비전은 더욱 증대된다
그래서 구성원들 개개인도
창의적으로 일하는 자기 주도적인 인재가 되어
더욱 탁월해지고 행복해지게 된다.
그 결과로 개인과 조직의 성과가 극대화되는 것이다.

．
．
．

01.
코칭의 시작: 존재 가치 찾기

새로운 코칭 프로그램 설계에 집중하고 있던 어느 날 직원이 전화기를 든 채 나에게 물었다.

"지금 어떤 남자분이 자신이 3년간 신경 정신과 치료를 받았는데, 진전이 없어서 코칭을 받아 보기 위해 온다고 합니다. 뭐라고 할까요?"

나는 순간 당황해서 대답을 하지 못했다. 코칭은 정신 치료를 목적으로 하지 않기 때문이다. 게다가 3년간 치료를 받는데도 개선이 안 되어 코칭을 받아 보고 싶다는 말에 부담감이 확 느껴졌다. 이런 것은 당연히 거절해야 한다고 말하려는 순간, 또 다른 생각이 스쳐갔다.

'코칭이 뭔지 알고 일부러 전화를 한 것 같은데, 그렇다면 스스로 변화하고자 하는 의지가 있는 것 아닌가?'

코칭이 신경 정신 치료나 상담처럼 치료를 목적으로 하는 것은 아니지만, 스스로 변화하고자 하는 의지를 가진 사람은 대환영이기 때문에 잠시 고민에 빠졌다. 나는 잠시 생각한 후 신중하게 대답했다.

"한 번 와서 코칭을 받아 보고 괜찮으면 그때 지속할지를 결정하면 되니 일단 오시라고 하고, 첫 시간은 무료라고 해 주세요."

그가 방문하는 것이 무척이나 긴장되었지만, 한편으로는 희망이 있겠다는 기대감이 교차되었다. 며칠이 지난 후 그가 사무실로 찾아왔다. 짙은 청색 점퍼에 회색 바지를 입은 40대 초반의 남성이 상담실로 들어서자 나는 일부러 밝은 미소와 목소리로 인사를 했다. 그는 나의 얼굴을 힐끗 본 후 곧바로 테이블을 내려다보며 들릴 듯 말 듯한 작은 목소리로 인사를 하는 듯했다.

"여기 찾아오는 데 힘드셨지요? 역에서 멀지는 않지만 처음 오시는 분들은 찾는 데 시간이 좀 걸리던데, 어떠셨어요?"

"네. 약도 보고 오니까…, 어렵지 않았어요."

"오~, 다행이네요."

그는 곧바로 테이블 위에 서류 뭉치를 꺼내 놓았고, 본인이 다니는 정신과 의사가 떼어 준 진단서이니까 읽어 보고 코칭을 해 달라고 말했다. 눈으로 훑으며 읽어 보니 복잡하고 전문적인 말로 되어 있지만, 대략 이 사람은 현재 우울증, 대인기피증, 공포증, 언어의 부정확한 표현 등으로 치료가 필요하다는 소견이었다. 내용의 핵심을 이해하고 나서 아무렇지도 않은 듯 평소대로 코칭을 할 때 항상 하는 질문으로 시작했다.

"오늘은 저와 어떤 것을 나누고 싶으세요?

"그냥… 거기에 적힌 것을 보고 저를 코칭해 주세요."

"아, 네…. 그럼 현재 가장 힘든 것이 뭔가요?

"음… 사람들과 만나는 것이 힘들고, 사람들 앞에서 말을 못하겠어요."

"네. 그럼 사람들과 어떻게 되고 싶으세요?"

"그냥 편하게 이야기하고, 그리고 일도 하고 싶어요."

"사람들과 편하게 대화하고 일을 하고 싶은 거군요?"

"네."

"이렇게 힘들게 된 것이 언제부터인가요?"

"몇 년 되었어요."

"아, 네….”

"3년 전 제가 일하던 곳의 사장님 하고 가장 힘들었어요."

그는 일하던 직장의 사장 이야기를 시작하자 갑자기 격한 감정에 휘말리며 언성이 높아졌다. 그 사장이 부당하게 잘못된 평가를 하고 억울하게 해고시켰다는 것이다. 그때 사장에게 자신이 잘못하지 않았다는 것을 제대로 설명하지 못하고 그만둬 버린 것이 후회가 되고, 그 후 계속 억울하고 분한 마음에 그 생각만 하면 화가 난다고 했다.

"그런 일이 있었군요. 들어 보니 그때 정말 많이 속상하셨겠네요. 그 후에는 어떤 일을 하셨어요?"

그는 그 후로 일을 하지 못하고 사람들과 만나기 싫어서 집에만 있게 되었다는 것이다. 그리고 스스로 정신적으로 불안하고 두려워서 병원에 다니기 시작했지만, 3년이 되었는데 현재까지 상태가 나아지지 않아 밖에 나가지 못하고 일도 못하고 있다는 것이다. 그의 이야기를 들으면서 이것은 존재 가치의 문제라는 것을 직감적으로 알 수 있었다. 인간관계의 문제도 아니고, 일을 잘하고 못하고의 문제도 아니다. 바로 자신의 존재 가치를 인식하지 못하면서 사람들과의 소통이나 일에 자신감이 없어서 생긴 문제일 수 있었다. 이 문제는 3년 전 그에게 상처를 준 사장으로부터 시작된 것이 아니다. 그 이전부터, 어쩌면 어린 시절 자신의 부모나 교사 등 주변 사람들로부터 존재 가치를 인정받지 못해서 생긴 문제일 수도 있는 것이다.

어릴 때부터 부모나 교사로부터 자신의 재능과 존재 가치를 인정받고 작은 성공에도 칭찬을 받음으로써 자신감과 용기를 키워나가야 할 때에 오히려 비난과 압박을 지속적으로 받았다면 자존감이 생길 수 없다. 누군가 자신의 존재를 인정해 주지 않으면 자신의 가치를 느끼지 못하고 삶의 목적과 비전도 찾지 못할 뿐 아니라 삶 자체가 힘겹고 고통스러워질 수밖에 없다. 자신은 못났고 가치 없는 존재라고 느껴져서 사람들의 무관심이나 작은 부정적인 말에도 큰 상처가 되고 자주 자괴감이나 위축감 또는 수치심을 느끼게 된다.

인간관계에서의 상처는 단순하게 순간적으로 발생하기보다 오랜 기간 반복적으로 언행의 불일치가 쌓이고 그것이 점점 커져서 폭발할 때 생기는 것이다. 때문에 분명 그의 사장과의 관계도 그런 과정을 거쳤을 것이라고 직감할 수 있었다. 그의 소극적이고 자신감 없는 태도와 말이 사장으로 하여금 함부로 대하게 했고 화를 내게 만들었을 것이다. 그리고는 결국 해고하게 만들지 않았을까 하는 생각이 들었다. 그가 이야기하는 동안 함께 공감하고 위로를 한 후에 이런 장기간의 우울증과 인간에 대한 증오심이 어디서 비롯되었는지 알기 위해 다음 질문을 했다.

"사람들로부터 가장 처음 상처 받았던 때가 언제였나요?"

그는 한참을 생각하더니 초등학교 5학년 때 학교에서 선생님으로부터 상처 받은 것이 생각난다고 했다. 그때 교실에서 아이들과 이야기를 하고 있는데, 선생님이 "멍청한 놈, 쓸데없는 소리 그만 해" 하면서 머리를 세게 때리고 지나갔다는 것이다. 그때 친구들 앞에서 간신히 어렵게 자신의 생각을 말하고 있었는데, 선생님이 그렇게 핀잔을 주면서 뒤통수를 때리고 간 후 너무 창피하고 위축되어 그 후로는 친구들 앞에서 말을 하지 않게 되었다고 한다. 그 선생이 아직도 생생하게 기억나고, 지금도 그 생각만 하면 화가 치

밀어 오른다고 했다.

"학생이 순수하게 자신의 생각을 말하고 있는데, 선생님이 친구들 앞에서 모욕을 주다니 정말 견디기 힘들었겠네요. 자신을 이해해 주지 못하는 선생님 때문에 학교생활이 많이 괴로웠겠어요."

그는 그 생각에 괴로운 듯 얼굴을 떨군 채 한동안 말이 없었다. 나는 부드러운 말로 위로하면서 잠시 시간을 주었다. 그리고 목소리를 한 톤 올리고 빠르게 해결점을 향해 도움이 될 만한 의견을 제시하면서 질문을 이어갔다.

"그런데 사실은 당신이 자기 자신의 가치를 사람들에게 알리지 않아서 벌어진 일일 수도 있어요. 누구나 자신이 어떤 가치가 있는 사람이고, 어떤 강점과 능력이 있는지 알고 그것을 사람들이 알도록 말이나 행동으로 보여줘야 해요. 그렇지 않을 경우 사람들이 오해를 하고 자신들에게 보이는 대로 판단하고 말할 수 있어요. 어떻게 생각하세요?
"네…. 그런 것 같아요."

그의 대답을 통해 스스로 이런 상황을 이해할 능력이 있다는 생각이 들었다. 그래서 해결할 수 있는 능력도 가지고 있을 것이라 믿고, 질문의 방향을 바꿔서 존재 가치 찾기 질문을 했다.

"그런데 사람들은 당신에게 뭐라고 칭찬하나요?"

"……"

"어릴 때부터 지금까지 자라오면서 사람들이 당신에게 칭찬한 것은 무엇인가요?"

"그냥… 칭찬은 들은 적 없는데요."

"아, 그럼 칭찬은 아니라도 가족들이나 주변 사람들로부터 잘한다고 들었던 말은 무엇인가요?"

"어릴 때 부모님이 성실하다고 했어요. 그리고… 조용하다고 했어요."

"와, 좋은데요. 또 뭐가 있어요?"

"또 음… 어릴 때 동생하고 놀고 있으면 엄마가 동생을 잘 돌본다고 했어요."

"사람들을 잘 돌보는 강점이 있군요. 그럼 어른이 되면서 들었던 좋은 말은 뭐가 있나요?"

"어릴 때는 청소를 잘한다는 말도 들었던 것 같아요. 그리고 크면서는 들었던 말이 없어요. 그냥 음… 성실하다는 말을 들은 것 같기도 하고…."

"맞아요. 제가 봐도 당신은 참 성실하고 친절한 사람이라고 느껴져요."

그가 나의 질문을 생각하고 이해하고 답을 할 수 있도록 충분한 시간을 주면서 편안하게 공감해 주었다. 그의 말수가 아주 적기 때문에 평소 코칭 때보다 설명을 많이 해야만 했다. 설명이 끝난 후

그가 자신을 잘 이해하고 볼 수 있도록 가치에 대해서 설명했다. 사람들에게는 각자 가지고 태어난 특별한 가치가 있는데 그것을 찾는 일이 중요하며, 그것을 찾아내는 방법과 그 가치가 자신의 삶과 인간관계에 어떤 영향을 미치는지 아는 것이 중요하다고 설명해 주었다.

"어릴 때부터 부모님이나 주변 사람들이 자신이 어떤 가치와 강점을 가지고 있는지 발견해 주고 그것을 일상에서 표현하고 강화하도록 도와주어야 해요. 부모님이 그것을 충분히 해 주어야만 자신감과 능력이 생기는데, 만일 어릴 때 그것이 잘 이루어지지 않았다면 학교생활이나 사회생활에서 자신감을 갖기 힘들지요. 초등학교 때 선생님이 당신에게 상처를 준 것도 그분이 당신의 가치를 몰라서 일어난 일일 수 있어요. 그러나 당신의 부모님이나 선생님도 그 시절에는 그런 것에 관한 교육을 받거나 그런 양육 방법을 몰랐을 겁니다. 그 시절에는 한국의 교육 환경이 모두 그런 상태였기 때문에 당신 부모님의 잘못이라고 할 수도 없지요. 그리고 당연히 당신 잘못도 아니에요."

"……"

"지금이야말로 당신의 귀한 존재 가치를 찾을 때인 것 같아요. 이제부터 자신이 왜 이 땅에 태어났는지 그 가치를 찾아보고, 또 일을 할 때나 사람을 만날 때 어떤 강점을 발휘하면 효과적일지 알아보는 것을 어떻게 생각하세요?"

"네. 그것이 좋겠어요."

나는 그에게 인간은 누구나 태어날 때부터 자신만의 특별한 가치를 가지고 태어나며, 그것을 명확하게 찾아서 자신이 어떤 사람인지 알려야만 사람들이 그것을 인정해 주고 이해할 수 있다고 설명했다. 자신의 가치를 찾는 일은 아주 즐거운 일이고 존재 가치를 찾으면 다른 사람들이 인정을 해 주든 않든 간에 가치 있고 의미 있는 삶을 살게 된다고 설명해 주었다.

시간이 지나면서 그는 점차 내 눈을 똑바로 바라보는 횟수가 많아졌다. 또한 내 질문에 더욱 명확하게 답변하기 시작하자 설명은 줄이고 질문을 더 많이 하게 되었다. 그러는 사이에 코칭 시간은 한 시간을 훨씬 넘어 버렸고, 나는 다음 시간까지 실행하고 올 과제를 제안했다. 과제는 자신의 강점을 조사해 오는 것이었다. 주변 사람들 10명에게 자신의 강점으로 무엇이 보이는지 물어보고 단어를 적어 오는 과제였다. 코칭 시간을 마무리하면서 다음부터 3회 이상 코칭을 받고 싶은 생각이 있다면 3회의 코칭 비용을 준비하고 하루 전에 전화를 달라고 부탁한 후 헤어졌다.

다시 만나기로 한 일주일간 내가 요청한 3회의 비용이 상대에게 부담스러울 것 같았다. 또한 코칭이 본인의 문제 해결에 도움이 된다고 생각할지 의문이 들어서 어쩌면 오지 않을지도 모른다는 생각마저 들었다. 그런데 일주일 후 만나기로 한 전날 그에게서 '내일 코칭 받으러 오겠다'는 전화가 왔다. 코칭에 대한 자발적인 의지를 확인한 나는 두 번째 세션에 대한 기대와 희망으로 마음이 고조되었다.

지난 세션에 건네준 과제표에는 어설픈 필체로 5개의 단어가 적혀 있었다. 원래는 서른 단어 정도를 조사하도록 되어 있는 표였는데, 5개의 단어만 적어 왔다. 그것조차도 자신이 스스로 적어 본 것이라고 했다.

"오~, 잘하셨어요. 이 단어들을 직접 적으면서 어떤 기분이 들었어요?"

"네. 나한테 있는 것이니까 기분이 좋아요."

"그렇죠. 자기 강점이니까 이것을 생각하면 기분이 좋고 감동적이지요!"

그는 이미 40대가 넘은 중년이었지만 청소년에게 설명하듯 쉬운 말로 천천히 자주 칭찬하고 소리 내어 웃으면서 이야기를 이어갔다. 그가 적어 온 존재 가치 단어를 기초로 여러 가지 그의 강점을 유추해 보고 자신만의 독특한 스타일을 찾는 작업도 함께했다. 대화가 진전되면서 아래만 바라보던 그의 시선이 올라가고 표정도 점점 밝아졌다. 그가 적어 온 가치 단어 중에서 자신이 가장 마음에 들어 하는 3개의 단어를 뽑은 후 그 가치를 사람들에게 알릴 수 있는 말과 행동을 묘사하도록 요구했다.

"당신의 그 귀한 가치와 강점을 사람들이 잘 알도록 하기 위해서 어떻게 말하고 행동하면 좋을까요?"

그는 나의 질문에 하나씩 대답을 하면서 자신의 가치가 무엇인 지 명확하게 인식하기 시작했다. 지금까지 그것을 알지 못하여 사람들에게 자신에 대해 자신 있게 말할 수 없었고, 또 다른 사람들 도 자신에 대해 알 수 없었기 때문에 기분 나쁜 상황이 벌어질 수 밖에 없었다는 것도 이해했다. 그리고 이제부터는 사람들이 오해 하지 않게 자신이 어떤 사람인지 설명하고, 그것을 사람들이 잘 알 수 있도록 지속적으로 말로 표현하고 행동하기로 다짐했다.

"좋아요. 자신의 가치를 나타내는 말과 행동을 지속하면 언젠가 사람들이 당신의 귀한 가치를 인정하게 될 거예요. 그런데 그래도 당신의 가치를 이해하지 못하거나 오해하는 사람이 있으면 어떻게 하죠?"

"이제는 사람들이 몰라준다 해도 그냥 참을 거예요. 제가 계속 묵묵히 진실하게 살면 알아주는 사람도 있을 거니까요. 그냥 사람 들이 인정해 주지 않아도 나의 가치니까 내가 그렇게 할 거예요. 그 냥 내가 계속…."

"와! 정말 지혜롭네요. 나의 가치를 사람들이 몰라줘도 내 가치 이기 때문에 지키고 사는 것, 그것이 정말 성실하게 사는 사람들의 멋진 모습이지요."

"이제 사람들이 나를 몰라줘도 화 안 낼 거예요. 사람들이 나를 모르는 것은 내가 잘 이해하도록 노력하지 않았기 때문이니까요. 이제부터 사람들이 나를 잘 이해하도록 정확하게 말할 거예요. 그리고 나를 싫어하는 사람은 나와 가치가 다르거나 나와 안 맞아서 그런 거니까 화 안 내고 제가 피하면 돼요. 안 맞는 사람과 말하고 이해해 달라고 하면 서로 짜증나고, 또 싸우게 되고 그러니까…. 그냥 피하는 것이 더 나아요. 그리고 사람들이 나를 이해하지 못해도 인내하고 참을 거예요."

"맞아요. 정말 훌륭한 생각이에요. 사람들도 자기 가치를 알지 못하니까 자신감이 없고, 그래서 다른 사람의 가치도 볼 줄 모르고 배려할 여유가 없지요. 그러니까 당신을 이해하지 못하는 사람들이 많은 것은 아주 당연한 일이에요. 그런데 당신의 그 인내심, 성실성, 용기라는 중요한 가치를 항상 잊어 버리지 않기 위해서 무엇을 하면 좋을까요?"

그는 자신의 가치와 강점에 대해 이야기하는 것을 아주 좋아하는 듯했고, 목소리 톤이 높아지고 말의 속도도 한층 빨라져서 생기가 느껴졌다. 자신의 진정한 존재 가치를 찾은 사람의 자신감 있고 기쁜 얼굴이었다. 그 모습을 보면서 나 자신도 가슴속에서 기쁨과 감동이 솟아났다. 코칭 시간을 마무리하면서 다음 시간에는 존재 가치를 잊지 않고 항상 기억할 수 있도록 가치에 어울리는 심벌을 찾아오기로 약속했다. 돌아가는 그의 얼굴에서는 처음 만났을 때와는 완전히 다른 생기와 자신감이 보였다. 마치 전쟁에서 이기고 돌아오는 개선장군과 같은 자신감과 힘이 느껴졌다.

그로부터 한 주 뒤 세 번째 세션이 있기 하루 전날 전화가 왔다. 취직을 해서 낮에는 시간을 낼 수 없으므로 더 이상 코칭을 받으러 갈 수 없다는 것이었다. 그 소리를 듣는 순간 너무도 기뻐서 뛸 것 같았다. 3년간이나 신경 정신과를 다니며 힘들게 살아왔는데, 자신의 존재 가치를 찾자마자 기운을 되찾고 자신감까지 회복해서 취직을 하게 되었으니 말이다. 이때 자존감이 낮아서 대인 관계나 사회생활조차 제대로 못하던 사람이 단 몇 번의 코칭을 통해 근본적인 자신감을 회복하는 것을 보고 사람들이 존재 가치를 아는 것이 얼마나 중요한지 다시 한 번 확인할 수 있었다.

이처럼 자신의 존재 가치를 아는 것은 중요하다. 인간에게는 돈이나 명예나 물질이 아니라 존재 가치를 인식할 때 비로소 하루하루의 시간이 가치 있고 의미 있는 것이다. 나의 가치를 느끼지 못하고 사는 삶이란 무의미하고 지루하고 희망이 없다. 이 경우 내가 나를 모르니 표현하지도 못하고, 자신감이 없으니 당연히 다른 사람들도 나를 인정해 줄 수 없는 법이다. 가치를 인식하지 못하고 삶의 목표와 비전이 없는 사람은 삶에 대한 애착도 적고 사람에 대한 존중감도 없는 경우가 많다. 그래서 삶의 태도와 언행에 생기가 없고 의욕이 없어서 누군가 조금이라도 비난하는 말을 하면 자존감은 순식간에 무너지게 된다. 이런 사람들은 다른 사람이 인정해 주지 않으면 자신이 가치 없는 사람이라고 믿어 버린다. 바꿔 말하면 다른 사람에게 인정받으려는 욕구가 강한 사람은 자신의 존재 가치를 모르는 사람일 수도 있다. 그런 사람을 우리는 자존감이 낮은 사람이라고 말한다. 이 땅에서 살아가는 모든 사람들은 자신이 태어난 이유와 가치를 알아야 건강하게 성장하고 자신의 진정한 행복을 성취해 나갈 수 있다. 이것은 남녀노소, 학식이 있는 사람이나 없는 사람, 부유하거나 가난한 사람, 인종을 불문하고 동일하다.

02.
존재 가치를 알아야 인생도 풀린다

　존재 가치를 묻는 질문은 자신이 이 세상에 태어난 이유와 특성을 이해하도록 돕는다. 이 때문에 이런 질문을 받는 사람은 자신을 깊이 들여다보게 되고, 자신의 존귀함을 깨달으면서 감동을 받는다. 누구에게나 자신이 얼마나 귀한 존재인지를 아는 것은 너무도 감동적인 일이다. 이 질문이 아주 평범하고 상식적인 질문처럼 보이지만 질문을 받는 사람에게는 특별하게 다가온다. 이 세상에 가치 없이 태어난 사람은 단 한 사람도 없다. 그래서 사람들은 모두 자신이 얼마나 가치 있는 사람인지 알고 싶어 한다. 어떤 사람은 스스로 계속해서 질문하고 답을 찾다가 결국에는 행복하고 가치 있는 삶을 살게 된다. 그러나 대다수의 사람들은 평생을 찾아 헤매도 만족스러운 답을 얻지 못한다. 존재 가치를 찾는다는 것은 아주 당연한 일이고 간단한 일이지만, 의외로 평생 찾지 못하고 세상의 가치에 휘말려 남의 생각대로 살아가는 사람들이 많다.

　우리는 사리 분별도 못하는 유아기 때부터 이미 자신이 가치 있는 존재라는 것을 느끼며 자란다. 예를 들면 갓난아기가 옹알이를 할 때 엄마가 눈을 바라보고 따뜻하고 부드러운 손으로 어루만져 주면서 "오,~ 우리 아기 잘하네! 어이쿠, 잘한다! 그렇지. 잘하네~" 하고 반응해 주는 것을 통해 아기에게 무엇인가 표현하도록 힘을 준다. 아기는 '내가 표현하면 따뜻한 반응이 오고, 이렇게 하면 나도 기분이 좋다'라고 느끼면서 더 큰 소리로 자주 옹알이를 하고 싶어진다. 그렇게 알아 듣지도 못하는 아기에게 계속 칭찬의 말과 축복의 말을 하면 아기는 그 말에 힘을 얻어서 용기를 내고 다음 단계로 성장하는 것이다.

이처럼 사람은 새로운 변화와 성장이 보일 때마다 엄마나 주변 사람들이 기쁜 마음으로 축하해 주고 칭찬해 주는 그 에너지를 받으면서 자신감을 얻고 성장하는 것이다. 아이들은 성장의 단계마다 고통스러운 성장통을 겪는다. 그럴 때마다 몸부림치고 반항하고 소리 지르는 아이들을 부둥켜안고 함께 울어 주고 격려해 주는 부모가 있었기 때문에 고통을 이겨내고 성장하는 것이다. 우리 모두는 엄마와 가족의 따뜻한 관심과 칭찬 속에서 에너지를 얻으며 자존감을 키워간다.

그런데 관심과 사랑이 충분하지 않은 환경에서 자란 사람은 어떻게 성장하게 될까? 불 보듯 뻔하다. 그것이 오늘날 사회에서 보게 되는 갈등과 폭력, 인간 사회 파괴의 원인이다. 이런 사람들은 자신의 존재 가치를 모르기 때문에 다른 사람의 가치마저 가볍게 짓밟고, 가정과 조직과 사회에서 불신과 갈등을 일으키는 것이다.

또한 어릴 때부터 인정받지 못한 욕구 불만을 물질이나 권력 또는 지배 등의 형태로 충족시키려고 하는 과정에서 조직과 사회를 큰 혼란과 고통에 빠트리기도 한다.

그런데 이 세상에서 자신의 존재 가치를 충분히 알고 늘 의식하며 사는 사람은 얼마나 될까? 대부분의 사람들은 어릴 때부터 존재 가치를 충분히 인정받지 못한 채 실망과 자괴감으로 형성된 낮은 자존감을 가지고 자란다. 어릴 때부터 낮은 자존감이 형성된 사람들은 자신을 가치 있게 만드는 방법을 다른 사람들로부터 인정받고 칭찬 받는 것이라고 생각하게 된다. 사회적으로 누가 봐도 성공했다고 할 수 있는 높은 지위에 있는 사람도 낮은 자존감으로 인해 다른 사람들로부터 인정받아야만 한다는 믿음으로 헛된 것에 많은 자원과 에너지를 허비하기도 한다. 이런 사람들은 자신이 목표한 성공을 이룬다 해도 마음은 여전히 과거의 슬픔 속에서 살아갈 수밖에 없다. 또한 낮은 자존감과 슬픔으로 인해 미래에 대한 생각 역시 걱정과 불안으로 가득차 있다.

과거를 후회하고 슬퍼하면서 미래를 두려워하고 불안해하는 사람은 현재만이라도 행복하게 살고 있을까? 과거를 후회하고 슬퍼하는 사람은 현재도 결코 행복하게 살지 못한다. 이런 사람에게 현재는 과거의 슬픔을 잊기 위한 몸부림이며, 미래의 불안을 회피하기 위한 고통스러운 고행으로 인식될 뿐이다. 그것이 현대인의 마음의 현주소다.

인생은 존재 가치를 찾아다니는 여정과도 같다. 언제 찾을 것인가에 따라 인생의 질적 수준과 성취도와 행복 수치가 정해진다고 할 수 있다. 그래서 코치는 어린 학생을 만나도 존재 가치 찾기부터 시작한다. 부모를 만나도, 청년을 만나도, 큰 기업의 리더를 만나도 역시 마찬가지다. 그만큼 존재 가치를 찾는 일은 당사자나 사회에 있어서도 중요한 일이다. 다른 사람의 성장과 행복을 돕기 원하는 사람이라면 개개인의 진정한 존재 가치, 즉 정체성, 강점, 성품, 성격 특징 등에 관심을 갖고 그것을 찾아내고 통합하여 그들 스스로가 가치 있는 삶을 영위하도록 도울 필요가 있다.

03.
인간관계를 확장하는 코칭

강점을 활용한 인간관계 개선

가끔 나를 찾아오는 밝고 긍정적인 태도를 가진 여성분이 있다. 그녀에게 코칭을 했던 것을 인연으로 가끔 밥을 사겠다면서 친구처럼 전화를 준다. 전화가 오면 나는 시간이 허락되는 한 거절하지 않고 함께 밥을 먹으면서 이야기를 나눈다. 이 여성분은 늘 걱정이 없는 태도로 밝고 친절해서 이야기하는 동안 유쾌한 웃음을 나눌 수 있었다.

그렇게 대략 6개월에 한 번씩 만나기를 3년 이상 지날 즈음 한번은 밥을 먹으면서 마음속 솔직한 이야기를 털어놓았다. 사실은 부부간에 갈등이 있는데, 그 갈등은 자녀 문제로부터 시작되었다고 했다. 자녀 교육 방식으로 종종 다투게 되었으며, 심하게 화를 내거나 남들이 눈치챌 정도는 아니나 본인들에게는 상당한 심적 부담과 간격을 느끼고 있다는 것이다. 부부 사이에 자녀 문제와 연관되어 이면에 숨어 있는 문제가 무엇일지 궁금해서 질문을 했다.

"이런 갈등 대신에 당신이 남편에게 진정으로 원하는 것은 무엇인가요?"

그녀가 남편에게 진정으로 원하는 것은 자녀의 공부 방법에 대해서 아내인 자신의 의견을 받아 주기를 바라는 것이었다. 그리고 자신에게 더 섬세하고 깊은 관심을 가져 주기를 바랐다. 이분은 워낙에 사교적이고 유연한 성격인데 반해 남편은 완고하고 원칙 중심의 성격이었다. 그래서 매사에 논리적이고 웃음이 적어서 가정이 삭막하다고 했다. 사실 자녀가 좀 더 여유롭고 자기가 하고 싶은 것을 하도록 배려해 주고 싶었다. 그런데 남편은 아이의 성적에 더 신경을 쓰면서 사람들에게 인정받는 사람이 되기 위해서는 미리 준비해야 한다며 학원을 몇 개씩 다니게 하는 등 압박을 가해서 자신과 자녀 모두 힘들었다고 했다.

"아, 그런 어려운 점이 있군요. 남편은 논리적이고 체계적이면서도 책임감이 있는 분인 것 같아요."
"네. 맞아요. 그런 분이지요. 그런데 그 점이 저를 힘들게 해요. 너무 고지식하게 느껴지기도 하고 재미가 없어요."
"그럼 당신의 강점은 무엇인가요?"
"저는… 남편과 반대인 것 같아요. 논리적이기보다는 좀 자유롭고 뭐랄까…, 즐거운 분위기가 좋아요."

"맞아요. 성격이 밝고 열정적인 것 같아요. 다른 사람들이 잘한 다고 칭찬하는 것은 무엇인가요?"

"호호호! 말을 잘한다는 소리도 들었고, 사람들이 모였을 때 궂은일이나 어지간한 일은 먼저 나서서 하니까 추진력 있다고 하고 솔선수범한다고도 하더라고요."

"와! 좋은 강점이 많으시네요. 또 들었던 칭찬 중에 기억에 남는 것은 무엇인가요?"

"네. 아이디어가 많다거나 노래를 잘한다고도 하고요! 호호호~."

"좋아요. 정말 멋진 강점이 많네요. 그럼 당신은 스스로의 강점이 뭐라고 생각하세요?"

"저는 사람을 소중히 여기고 싶어요. 무엇보다 사람이 가장 중요하지요. 그래서 될 수 있으면 사람들과 좋은 관계를 유지하려고 노력해요."

"정말 훌륭하세요. 사람을 소중히 한다는 것은 정말 아름다운 미덕이지요. 또 뭐가 있을까요?"

"그 정도인 것 같아요."

"이야기를 들어 보니 논리적이고 체계적인 성향의 남편과 자유롭고 인간미 넘치는 성향을 가진 당신은 서로의 강점을 합하여 밸런스 있는 아름다운 가정을 이루라고 신이 맺어 주신 최고의 단짝인 것 같네요!"

"어머, 호호호! 들어 보니 그렇네요. 결혼 전에는 그런 이야기 많이 들었죠. 그리고 우리도 서로 그런 줄 알았는데 살면서 안 맞는 점이 자꾸 나타나니까 힘들고…. 그런데 확실히 서로 다른 점이 상대의 빈 부분을 채워 주는 면도 많아요."

"네. 그렇죠! 서로 다른 점이 상대의 빈 부분을 채워 주죠."

그녀의 강점을 들어 보니 자유, 활발함, 열정, 솔선수범, 추진력, 사교성, 창의력 등 너무도 긍정적인 면이 많았다. 즉 이 여성은 사람들과의 사귐을 좋아하고 즐겁고 다양한 생각과 활동을 좋아하는 사교형이며, 남편은 논리적이고 꼼꼼하며 체계적인 신중형이었다. 그래서 남편이 답답하게 느껴졌고, 이런 면에서 서로 잘 안 맞는다고 생각하고 있었던 것이다. 부부는 상대가 자신에게 맞춰 주기를 원했고, 그렇게 맞추어 주지 않는 것은 사랑이 부족하기 때문이라고 생각했던 것이다.

사람들은 보통 반대 성향을 가진 사람에게 끌린다. 서로의 다른 면이 매력적으로 느껴져서 만나 결혼까지 하게 된다. 또한 대부분 자신과 다른 강점을 가진 사람을 좋아하고 부러워하기 때문이다. 그러나 자신에게 없는 점을 상대가 가지고 있기 때문에 그것에 끌려 결혼하지만 결혼한 순간부터 서로가 '나에게 맞추어 달라'고 요구하기 시작하면서부터 갈등이 시작된다. 참으로 아이러니하게도 결혼 전에는 서로의 다른 점이 매력의 원천이었는데, 결혼 후에는 그것이 갈등의 원인으로 변하는 것이다. 보통 다름에서 오는 불편보다 다름에서 얻어지는 시너지와 유익의 가치를 깨닫게 되면 삶이 훨씬 풍요롭고 가정에 힘이 강화된다.

이 문제를 해결하는 방법은 자신의 강점을 상대에게 똑같이 해 달라고 요구하는 대신, 상대의 강점을 존중하고 격려해 주면서 자신의 강점을 상대를 위해 발휘함으로써 가정이 건강해지도록 기여하는 것이다. 이렇듯 인간 갈등의 내막을 들여다 보면 서로의 다름을 불편하고 나쁜 것으로 생각하는 데서 비롯되는 경우가 많다. 따라서 이러한 인간 갈등과 관련된 코칭은 우선 갈등을 겪고 있는 상대의 강점과 요구가 무엇인지 명확하게 인식한 후에 상대의 언행을 이해하는 과정이 필요하다. 그러고 나서 자신의 강점이 성격 특성에서 나타나는 선호도의 차이에서 비롯됨을 인식하고, 자신이 상대에게 원하고 강요하던 것들이 자신의 강점과 선호에서 비롯됨을 자각하는 과정이 필요하다. 이렇게 상대의 입장과 자신의 입장의 차이를 인식한 후에는 결국 언행을 바꿀 수 있는 주체는 자신뿐임을 알게 된다. 부부 코칭은 갈등을 느끼고 있는 쪽이 자신의 강점을 사용하여 상대에게 기여하도록 한다면 성공적이다.

"아까 여러 가지 생각해 본 선생님의 강점 중 자신이 가장 좋아하는 것 세 가지를 선택한다면 무엇인가요?"

"세 가지라면 열정, 자유, 즐거움이요."

"좋아요. 이렇게 자신이 중요하게 여기는 강점을 정리해 보니 남편과 불편하게 느껴진 것이 무엇 때문이라고 생각하세요?"

"결혼 전에는 남편이 저에게는 없는 꼼꼼함과 체계적인 모습, 그리고 끝까지 인내하고 책임지는 모습이 너무도 신뢰가 가고 좋았거든요. 그래서 이 사람이라면 나를 끝까지 소중히 사랑해 주겠구나 하는 생각에 결혼을 했는데, 살다 보니 그이가 저와 다른 부분을 불편해 하고 계속 불평하고 살아왔네요.”

“그럼 그동안 느꼈던 갈등은 어디서 발생된 것 같으세요?”

“아! 저에게서 나온 것 같네요. 그이는 15년간 변함없이 자신의 처음 모습 그대로 살아오고 있는데, 제가 계속 다른 모습이 되어 달라고 무리하게 요구하고 힘들게 했어요. 어휴~, 정말 남편은 변함없이 성실하고 믿음직하고 저희 가족을 소중히 여기고 있는데, 오히려 제가 그것을 고마워하지 못하고 있었네요.”

“와, 참 지혜로우세요. 사람은 자신이 가지고 태어난 성향과 특성이 있어서 자기와 같은 성향의 사람을 편하게 느끼지요. 반면에 자신과 전혀 다른 성향을 가진 사람에게 흥미와 매력을 느끼기도 하구요. 남편분도 당신에게서 자신과 다른 점에 매력을 느꼈을 텐데, 그 점을 어떻게 생각하세요?”

“맞아요. 남편은 지금도 자주 저의 이런 밝고 활동적인 면이 보기 좋고 멋있다고 말해요. 늘 저를 존중해 준 것 같아요. 제가 하는 일은 될 수 있으면 허용하고 받아 주었지요. 그이의 사랑은 처음이나 지금이나 변함 없다는 것을 느껴요. 다만 저의 성향에 맞춰서 좀더 부드럽고 친절한 태도와 표현을 해 주고, 활동적이고 즐거운 분위기를 만들어 주기를 원했던 것 같아요. 아이의 공부라든가 학원 문제는 그저 저의 불만을 표현하기 위한 수단에 불과했고, 근본적인 갈등의 원인은 그이가 저의 성격에 맞춰 주지 않는 것이었어요."

"그럼 두 분의 공통점은 무엇인가요?"

"공통점은… 서로 스타일은 다르지만 자녀를 소중히 여기고…. 그리고 서로 배려하고 사랑하는 거예요."

"와, 바로 그거군요! 두 분이 똑같이 자녀를 소중히 여기고 서로 사랑하는 거요!"

"맞아요. 살다 보니 이런저런 일로 티격태격하기는 하지만, 그래도 서로에 대한 존중감과 사랑은 변함 없는 것 같아요. 가끔은 서로 너무 조심하지 않아서 존중하지 않는 것처럼 느껴질 때가 있지만, 그래도 본심으로는 사랑하는 마음이 있지요."

"그러셨군요. 그럼 갈등 해소를 위한 방법은 무엇일까요?"

"제가 남편에게 맞추어 주는 거죠. 그이도 나에게 맞추고 있으니까 제가 주장의 수위를 낮추고 남편에게 맞추려는 노력이 필요한 것 같아요."

" 아주 지혜로운 방법이네요. 당신의 세 가지 강점인 열정, 자유, 즐거움을 통해 남편에게 기여할 수 있는 일은 무엇인가요?"

"음… 제가 그동안 남편에게 저와 똑같이 해 주기를 바랐던 기대를 내려놓고 다른 취미를 계발하거나 사람들을 돕는 의미 있는 일을 찾아보는 것도 좋을 것 같아요."

"정말 훌륭하시네요. 그런 일을 한다면 삶이 훨씬 의미 있고 즐거울 것 같네요. 또 할 수 있는 것은 무엇일까요?"

"그동안 남편에게 휴일에 어디 가자고 하거나 계속 활동적인 것을 하자고 강요했죠. 그러면 남편은 싫어하고, 저는 싫어하는 모습을 보고는 또 차갑게 쏘아붙이면서 마음을 힘들게 했던 것 같아요. 이제부터는 그이가 하고 싶은 것을 하도록 자유롭게 놓아 주는 거예요. 남편은 혼자서 책 읽거나 자료 정리하는 것 등을 좋아하거든요. 그러니까 이제부터는 그것을 할 때에는 방해하지 않고 편하게 하도록 배려해 주는 거죠. 그러면 남편도 훨씬 편하게 잘 쉴 수 있을 거예요. 그리고 저도 그이 옆에서 할 수 있는 즐거운 취미를 계발하는 거예요."

"정말 남편에 대한 배려심과 사랑이 느껴지네요. 남편과 함께하면서도 각자에게 맞는 의미 있고 즐거운 방법을 찾는다면 두 분이 너무 아름다운 조화를 이룰 것 같아요."

이렇게 갈등이 있을 때에는 갈등을 겪는 대상자와 자신의 성격 특성에 어떤 차이가 있는지, 강점이나 선호의 차이가 무엇인지 탐색하고 질문할 필요가 있다. 그러면 사람들은 상대와 자신의 강점과 선호를 이해하게 되고, 갈등의 원인이 서로의 다름에서 오는 것임을 깨닫게 된다. 그리고 상대를 나에게 맞추려고 조종하는 데에서 문제가 비롯되었음을 인식하게 된다. 따라서 이런 갈등의 해결책은 나의 성격이나 강점을 상대에게 강요하지 말고 내가 상대에게 맞추는 것임을 인식하는 것이다. 이러한 갈등의 발생 구조와 해결 원리를 이해하게 되면 대부분의 사람들은 상대에게 '나처럼 하라'고 강요했던 자신의 고집을 내려놓고 오히려 자신의 강점으로 상대에게 기여할 수 있는 방법을 찾아 봉사함으로써 갈등을 해소할 수 있게 된다.

"아주 지혜롭고 탁월한 대안을 많이 내놓으셨는데, 이 중에서 무엇을 먼저 실행하실 건가요?"

"네. 가장 중요한 것은 제가 의미와 즐거움을 얻을 수 있는 일을 찾는 거예요. 그것이 취미이든지, 아니면 지역 사회의 다른 사람들을 돕는 일이든지 사람들과 만나서 함께 의미 있는 일을 하는 것이 중요한 것 같아요. 사실 아이도 크고 집에서 제가 해야 할 일이 적어지니까 마음이 좀 빈 것 같은 느낌이 있었거든요. 그래서 남편에게 더 부담을 줬던 것 같아요. 이제 다른 의미 있고 가치 있는 일을 찾아야겠어요."

"남편을 존중하며 자신의 삶을 더 의미 있고 가치 있게 보내려는 진정성과 열정이 느껴져서 감동적이네요."

"전부터 이런 생각을 안 한 건 아니에요. 다만 계속 미루고 실행은 하지 않다 보니 괜히 남편만 힘들게 했다는 생각이 드네요. 코치님과 대화하면서 이제 원인이 무엇인지 확실해졌어요."

"네. 정말 본인을 위해 좋은 대안을 찾으신 것 같아요. 그럼 이제부터 의미 있고 즐겁게 살기 위해 당장 실행할 것은 무엇인가요?"

이렇게 본인이 진정으로 원하는 것이 무엇인지 찾으면 사실 인간관계의 갈등은 눈 녹듯 해소되는 경우가 많다. 왜냐하면 갈등이란 자신의 내면에서 오는 스트레스나 불만족을 가까운 사람에게 연결하여 그에게 원인을 전가시키는 데서부터 시작되기 때문이다. 이제 상대에 대한 과도한 기대와 잘못된 요구들을 철회하고 진정으로 자신이 하고 싶은 것과 자신에게 행복감을 주는 것을 찾아 그것에 몰입하면 다시 평화와 활기를 찾게 될 것이다. 그렇게 자신이 좋아하는 것을 하면 다시 평안이 찾아오고 다른 사람은 그저 섬기고 보호해 주어야 할 대상임을 받아들이게 된다. 마음에 여유가 있고 행복한 사람은 다른 사람에게 너그럽고 친절하기 마련이다. 그런 상태에서는 누군가 조금 마음에 안 들고 힘들게 하는 일이 있을지라도 그것이 자신의 진정한 가치를 흔들지 않는 한 참고 넘어갈 수 있게 된다.

행복 수치를 높여 주는 인간관계

자신의 인간관계망이 좁다는 생각에 위축되어 많은 사람들을 사귀어야 한다는 압박감을 가진 사람들이 많다. 많은 사람을 만나는 것이 외로움을 덜어 주거나 행복 수치를 올려 주는 경우도 있지만, 그렇지 않은 경우가 더 많다. 아는 사람과 만나는 사람이 적다고 해서 능력이 없거나 외로운 것은 아니다. 좋은 인간관계란 나에게 정말 중요한 사람이나 가치를 함께 나누고 기뻐해 주는 사람이다. 잘못된 인간관계를 만들고 유지하는 것에 너무도 많은 시간과 자원을 투자하여 자신의 진정한 인생의 기쁨이나 목적을 이루지 못하고 사는 사람들도 많다. 실제로 수많은 사람들이 잘못된 인간관계로 인해 범죄와 분쟁에 휘말려 고통을 겪는다.

내게 큰 감동으로 다가 온 한 부부의 이야기가 있다. 정말 중요하고 가치 있는 사람과 질 높은 관계를 형성해 가고 있는 좋은 예이다. 미국 캘리포니아에서 심장 전문의로 『기네스북』에 오를 만큼 최다 수술을 성공적으로 한 의사 부부의 이야기다. 보통 겨울이면 동부에는 눈이 엄청 쏟아져서 승용차가 눈에 덮이고 길이 보이지 않을 정도였다. 그렇게 눈이 오는 날이면 그 의사의 아내인 리여사Mrs. Lee는 아침 일찍 일어나 눈을 모두 치우고 남편의 출근길을 터놓는다. 자동차를 덮어 버린 눈을 말끔히 쓸어낸 후 자동차 히터까지 켜 놓고 남편이 따뜻한 마음으로 출근할 수 있도록 늘 배려하는 아내다. 남편은 제발 내가 할 테니 하지 말라고 만류하지만, 늘 새벽같이 일어나 한결같은 미소를 머금고 말없이 남편을 위해 눈 치우는 일을 마다하지 않는다.

남자가 해도 힘든 일을 어떻게 눈이 올 때마다 그렇게 할 수 있느냐고 기자가 질문했다. 리 여사는 남편의 손은 환자를 위해 수술해야 하므로 눈을 치우느라 손을 다치면 안 되기 때문에 본인이 하는 것이 당연하다고 이야기했다. 남편의 손은 생명을 다루는 손이기 때문에 평소에 소중히 아끼고 배려 받아야 한다는 것이다.

학력이나 재능으로 보아도 리 여사는 지적이고 기품 있는 분이다. 그런데 직접 굳은 일에도 기쁨으로 정성을 다하면서 남편을 소중히 여긴다는 것을 표현하고 있는 것이다. 이것은 아주 질 높고 진정성 있는 인간관계를 맺고 있는 하나의 예라고 할 수 있다. 누군가를 존중하고 소중히 한다는 것을 지속적으로 정성껏 표현하면 상대는 그 진정성을 알게 된다. 또 그런 진정성 있는 인간관계로부터 사람들은 가장 순도 높은 행복감을 느끼게 된다.

이와는 달리 「한국경제신문」에 따르면, 2016년 우리나라의 무고죄 고발 건수가 연 1만 건을 넘어서 인구 대비 세계 1위를 기록했다고 한다. 무고란 불신과 지나친 경쟁, 시기와 질투, 음해 등에 관련된 것이다. 이러한 무고 범죄는 유독 한국에서 심한데, 남을 믿지 못하는 풍조와 함께 남이 잘되면 시기하고 질투하여 분쟁을 만들어 내는 문화에서 기인한다. 보통 사람들은 재정적 자원이 많을수록 행복할 것이라고 믿는다. 그런데 통계청에서 발행된 「통계플러스」 2018년 가을호에 따르면, 우리나라의 1인당 GDP 수준은 세계 156개국 중 28위인데, 만족도 순위는 57위다. 핀란드는 GDP 수준이 22위인데, 삶의 만족도 순위는 1위다. 이렇듯 부가 행복에 직결된다는 것은 사실이 아니다.

대개 행복에 있어 가장 중요한 것이 사회적 관계라고 말한다. 함께 어울려 사는 공동체적 삶은 행복 수치에 큰 영향을 미치는 것이다. 그런데 최근에는 사람을 직접 만나서 교류하고 서로의 애환을 나누며 돕기보다 SNS로 소통하면서 혼자 지내는 시간이 많다. 이렇게 현대 사회는 개인주의가 확산되고 직접적인 인간관계가 적어짐에 따라 그만큼 서로의 상황을 깊이 이해하지 못하는 사회 구조로 변화되었다. 그러니 지나친 경쟁, 불신, 시기와 질투, 음해 등이 더욱 많아지고 무고 고발 건수가 세계 1위가 되어 버린 것이다. 이러한 변화가 삶의 만족도 순위를 계속 내려가게 만드는 원인이다.

우리는 행복한 삶을 유지하기 위해서 나와 맞는 질 높은 인간관계, 다시 말해 진정성 있는 관계를 만들어야 한다. 한편 나와 맞지 않는 진정성 없는 인간관계는 청산해야 한다. 질 낮은 인간관계는 결국 위의 예처럼 무고 범죄를 높이고 행복 수치를 끌어내릴 수 있기 때문이다. 이제부터 정신 바짝 차리고 나와 맞지 않는 질 낮은 관계를 피하도록 주의를 기울여야 한다. "아는 사람이 많으면 그만큼 삶이 풍족하고 즐겁다"라고 말하는 사람들이 많은데, 많은 사람을 알면 알수록 분쟁과 갈등에 휘말릴 가능성도 더 높아진다. 사람이 많은 곳에는 사건 사고가 줄을 잇고 갈등이 끊이질 않아서 바람잘 날 없지 않은가? 가장 바람직한 것은 삶을 솔직하게 나누어도 서로 비난하지 않고 포용하면서 사랑할 수 있는 진정성 있는 인간관계를 맺는 것이다. 가까이에 이러한 사람이 단 한 사람이라도 있다면 그 사람의 행복 수치는 매우 높게 나타날 것이다.

그래서 아는 사람에서 이해하는 사람으로, 이해하는 사람에서 좋아하는 사람으로, 좋아하는 사람에서 존경하는 사람으로, 그리고 결국은 사랑하는 사람으로 성숙해져 갈 수 있도록 사람을 엄선하고 정성을 들여 인간관계를 발전시켜 나가야 한다. 주변에 아는 수준에 머물러 있는 사람만 많고 그들과의 관계를 유지하기 위해 평생을 분주하게 산다면 그 인생은 어떨까? 내 주변에 끝까지 남아 있는 사람이 없을 것이다. 즉 중요한 시기에 누군가의 도움이 간

절히 필요할 때 진정으로 나를 걱정해 주고 도와주는 사람이 없다는 말이다. 그래서 우리는 많은 사람을 알고 사귀는 데 너무 많은 시간을 투자할 것이 아니라 한두 사람이라도 서로 이해하고 존경하며 사랑할 수 있는 관계를 만드는 데 시간과 에너지를 사용해야 한다.

나와 맞는 사람이란 나의 가치관이나 삶의 목적과 비슷한 사람이다. 유유상종이란 말처럼 나와 가치관이 비슷한 사람을 만나면 어색함이나 불편함이 곧 해소되고 공감대 형성도 빠르다. 한편 나와 맞지 않는 사람을 만나면 왠지 심적 부담이 느껴지고 말이 잘 통하지 않는 느낌이 들게 된다. 우리는 이런 직감을 통해서 나와 맞는 사람인지 아닌지 알 수 있다. 우리가 인간관계로 갈등과 실패를 겪게 되는 이유는 이것을 무시하는 우유부단한 마음과 욕심 때문이다. 대인 관계에서 명료함 없이 만나는 것은 상대로부터 무언가 유익을 얻어내려는 목적이 있거나 내가 거부하면 불리한 결과를 얻을까 봐 두려워하는 마음 때문이다. 그러한 명료함 없이 만나는 사람은 결국 무리해서 관계를 지속하다가 어떤 형태로든지 손실을 입고 헤어지게 된다. 그래서 나에게 맞지 않거나 나를 싫어하는 사람은 재빨리 피하고, 반대로 만나면 마음이 편해지고 진정성이 느껴지는 사람은 가까이하고 소중히 해야 한다.

04.
리더십 역량을 강화하는 코칭

왜 애자일 코칭인가?

기업이나 조직은 리더들의 역량을 개발하고 리더들이 안고 있는 시급하고 중요한 이슈들을 해결하기 위해 코치의 도움을 필요로 한다. 리더에게 가장 큰 고민은 어떻게 조직 구성원 개개인을 효율적으로 관리하고 그들의 힘을 결집하여 높은 성과를 내느냐 하는 것이다. 사실 조직 구성원들을 잘 관리할 수 있다면 그로 인한 조직의 성과와 기업 성장은 자연스럽게 이루어진다.

기업에 있어서 가장 중요한 자원인 조직을 잘 관리하려면 리더의 역량이 탁월해야 하는데, 그 역량에는 조직 관리 능력, 소통 능력, 의사 결정 능력, 성과 창출 능력 등이 있다. 중간 관리자가 되면 개인의 능력이 아니라 팀의 능력을 통합하여 혼자서는 할 수 없는 거대한 성과를 만들어 내야 한다. 특히 4차 산업 이후에는 리더들이 구성원들의 능력과 시스템을 결합하여 기하급수적인 시너지를 올리도록 요구 받고 있다. 지금의 리더들은 과거에 비해 역량과 역할, 일하는 방법, 책임의 양, 성과 목표 등이 확연하게 다르다.

이와 같이 산업 기술과 환경이 급변하고 사람들의 요구 수준도 더 복잡하고 까다로워져서 혼자서 자기 관리와 조직 관리를 모두 잘하기 힘든 상황이다. 물론 지금도 이순신 장군처럼 상황을 읽어내는 통찰력, 전략적 사고방식, 추진력 등이 탁월한 사람이 있다. 혼자의 힘으로 엄청난 전략을 세우고 놀라운 성과를 이루어 내어 영웅이 되는 사람도 존재한다. 하지만 그런 영웅을 만나기가 점점 어려워지고 있다.

지금 시대에는 보통의 사회인이라면 어지간한 정보는 입수 가능하고 기본 이상의 지적 능력을 갖추고 있다. 실제로 예리한 판단력과 예견력을 가지고 있기도 하다. 지금은 누구나 원하면 빅데이터를 해석하고 사용할 수 있으며, 인공 지능이나 첨단 기술을 사용하여 천재적인 결과물을 만들어 낼 수 있는 시대다. 그것이 바로 조직의 리더들이 아무리 뛰어나도 혼자의 능력과 힘으로 개인과 조직을 통솔하고 뛰어난 성과를 만들어 내기 쉽지 않은 이유다.

특히 우리나라에서도 지난 20여 년간 코칭이 조직의 리더들의 패러다임 전환이나 소통 능력, 솔루션 중심의 문제 해결 능력, 강력한 동기부여의 수단으로 활용되어 왔다. 하지만 이제는 다시 인재 개발 담당자들로부터 애자일agile 코칭이 필요하다는 소리를 자주 듣는다. '애자일'이란 조직을 작은 팀으로 구성하여 작고 반복적인 주기로 제품을 시험하고 적용하며 개발하는 기법이다. 여기서는 리더의 능력보다 팀 구성원들과의 협력을 통해 집단 창의성을 극대화하는 것이 주요 목표다. 이렇게 할 때 지금 사회에 맞는 더 좋은 결과물을 보다 빨리 만들어 낼 수 있기 때문이다. 이미 아마존, 구글, 3M, 시스코, 마이크로소프트, 뱅크오브아메리카, 웰즈파고 등 세계적인 기업들은 애자일 구조로 조직을 재편성하여 빠르게 변하는 산업 환경과 고객의 요구에 유연하고 신속하게 대응하고 있다. 지금처럼 복잡한 산업 구조와 고도의 기술 사회, 까다로운 소비자의 요구에 대응하기 위해서는 필연적으로 애자일 조직과 애자일 코치가 필요하다. 때문에 팀 리더는 애자일 코치가 되도록 훈련받아야 한다.

애자일 조직은 팀 구성원 자체에 권한을 주어 서로 수시로 소통하고 피드백함으로써 빠른 성과를 도출하는 것이 목적이다. 때문에 팀 구성원 간 소통의 촉진, 갈등 해결, 목표 설정, 실행 점검, 솔루션 중심의 사고방식, 강점 사용 독려, 직관과 통찰이 촉진되도록 돕는 코치가 필요한 것이다. 우리나라 기업들도 세계 기업들과 경쟁하려면 이러한 애자일 팀 운영에 대해 진지하게 고민해야 할 때다.

개인과 조직의 목표 일치시키기

보통 조직의 리더들을 코칭할 때는 크게 리더십 역량 개발, 조직 혁신, 당면한 이슈 해결을 주요 목표로 삼고 코칭을 한다. 그런데

이 이슈들이 각기 다른 것처럼 보이지만 자세히 들여다보면 대부분 소통의 문제와 연관되어 있다. 자기 분야의 전문 스킬이나 지식, 정보가 모자라서 코칭을 받는 사람은 거의 없다. 그런 것은 그 누구보다 20~30년간 해당 업무에 몸담아 온 당사자들이 더 탁월하다. 대신에 현업의 리더들은 과중한 업무와 시간 부족으로 인해 소홀히 했던 리더십 역량과 소통의 문제 해결을 가장 시급한 과제로 제시한다. 조직과 기업의 성과를 달성하기 위해서는 리더의 통찰력과 헌신이 필요하고, 조직을 구성하는 개개인에게 일에 대한 열정을 불러일으켜서 집단의 시너지를 일으켜야 한다. 그래서 코칭에서도 주로 조직을 구성하는 개개인의 삶의 목표를 조직의 목표와 일치시키는 일이 주요 해결 과제다.

최근 주당 법정근로시간이 52시간으로 단축되면서 워라밸이라는 용어가 많이 회자되고 있다. 시대의 한 조류가 된 워라밸은 결국 조직과 개인의 목표에 균형을 잡는다는 의미에서 '개인의 목표와 조직의 목표를 일치'시키는 일로부터 시작해야 한다. 개인의 꿈과 조직의 목표를 얼라인align 시켜서 함께 성장을 이루기 위해서는 단지 일하는 시간이 아니라 개인이 일에서 가치와 의미를 찾을 수 있도록 일하는 방식, 소통 방식, 환경 등이 효율적으로 변화되어야 한다.

예를 들어 미국 LA에서 근무하는 모 회사 직원들에게 그룹 코칭 강의를 할 때였다. 직원들로부터 교육을 한 시간 일찍 끝내 주면 좋겠다는 요청이 있었다. 4시에 퇴근이라 도로가 막히기 때문이라고 이유를 설명했다. 캘리포니아 주에서는 회사들이 퇴근 시간을 앞당기고 있으며, 또한 직원이 자신의 업무를 잘 수행하면 시간이나 개인적인 편의를 배려하고 조절해 주는 조직 문화가 형성되어 있다. 실제 우리나라에서 미국에 주재원으로 간 상당수의 사람들이 이런 조직 문화에 충격을 받는다고 한다.

이것이 조직 구성원 개개인의 성격과 일하는 스타일 및 선호도를 파악하고 그들의 존재 가치와 개인적인 꿈이 존중되는 문화가 아닐까? 국가와 기업 차원에서 이러한 문화의 패러다임 전환이 이뤄질 때 워라밸의 경쟁력은 힘을 발휘할 것이다. 개인의 꿈과 가치가 조직의 목표에 연결되어 구성원이 스스로 좋아서 창의적으로 일에 몰입하고 결과에 책임지는 문화, 개인이 조직의 목표를 위해 자신이 가진 강점과 능력을 최대한 발휘하여 헌신하는 문화가 바로 리더들이 만들고 싶어 하는 이상적인 조직 문화일 것이다. 이처럼 구성원과 조직 문화를 비롯해 기업 성장의 극대화를 이루어 가는 것이 리더들의 존재 이유다.

리더에게 코치가 필요한 이유

세계 산업 환경의 변화에 맞추기 위해 우리나라에서도 지난 몇 년간 기업마다 수평적 조직 문화로의 혁신을 대대적으로 추진했다. 신뢰와 존중이 살아 있는 수평적 조직 문화를 만들어 내는 일이 조직을 이끌고 있는 리더들의 중요한 임무가 된 것이다. 한국의 주요 기업들은 4차 산업 구조에 맞추기 위해 서둘러 기업의 조직을 재정비하고 중간 관리자부터 그 밑으로는 호칭을 모두 하나로 통일했다. 이를 통해 상하 지위에 상관없이 수평적으로 신속한 소통이 이루어지도록 하고 있다.

어떤 기업에서는 권위적이고 길고 무거운 분위기의 회의가 비효율적이라고 판단했다. 그래서 회의실의 책상과 의자를 없애고 필요시마다 잠깐씩 서서 신속하게 회의하고 제자리로 돌아가도록 하여 좋은 효과를 보고 있다. 또 다른 기업은 직원들이 창의적인 아이디어와 유연한 생각을 할 수 있도록 눕거나 낮잠을 잘 수 있는 공간을 마련했다. 아예 편하게 앉아서 일할 수 있는 소파나 방을 마련해 놓은 회사도 있다.

우리가 잘 알고 있는 것처럼 그 누구보다 똑똑했던 전설의 물리학자 아인슈타인은 하루에 10시간씩 수면을 취했다고 한다. 캘리포니아 대학교 버클리 캠퍼스의 수면 및 뇌영상연구소장 매튜 워커Matthew Walker는 "수면 부족이 감정 조절에 어떤 해를 끼치며, 어떻게 뇌의 발전을 퇴화시키는가?"라는 질문에 이렇게 답했다.

우리가 잠을 자지 않으면 뇌는 더 원시적인 활동 패턴으로 되돌아가는 것 같습니다. 두뇌는 더 이상 당시의 상황적 맥락과 정서적 경험을 연결 짓지 못하고, 그에 적합한 절제된 반응을 만들지 못하거든요.

우리가 잠을 계속 못 잤을 때 신중하고 논리적인 사고가 방해를 받기 시작한다. 그와 동시에 우리를 진정시키는 신경 전달 물질의 분비를 감소시키기 때문에 수면이 부족한 리더는 더 쉽게 분노하고 조급해 할 뿐만 아니라 심한 감정의 기복을 경험하게 된다. 보통 직원들은 이런 임원들을 '버럭 상무' '버럭 전무'라고 호칭하기도 한다. 특히 문제는 부정적인 상황에서 더욱 과민하게 반응하거나 중립적인 상황을 부정적인 상황으로 인식하게 만들 수 있다는 점이다. 우리나라 기업의 임원들은 새벽 회의부터 시작해 매일 야근을 하고 주말에도 추가 근무나 업무상 골프 등 쉴 틈이 없다. 잠자는 시간, 개인적인 여가, 가족과의 단란한 시간을 갖지 못하는 것을 상식처럼 여긴다. 이처럼 만성적인 수면과 쉼의 부족은 개인의 내적 감정 조절을 방해하는 것 이상으로 부정적 효과를 불러온다. 매튜 워커의 연구에서는 수면이 부족할 경우 스트레스와 피로로 인한 업무 능력 저하뿐만 아니라 다른 사람의 얼굴에서 감정을 읽어 내는 능력 또한 저하된다는 사실이 확인되었다.

최근 세계적인 기업들은 충분한 휴식을 취한 근로자들의 적응력과 생산성이 더 뛰어나다는 사실을 인정했다. 좋은 예로, 구글, 나이키, 타임워너, 허핑턴포스트 같은 기업들은 직원들이 밤에 충분한 수면을 취할 수 있도록 격려할 뿐 아니라 업무 시간에도 낮잠자는 것을 권장하고 있다. 나이키나 티센크루프를 포함한 많은 기업들은 직원들이 낮잠을 자거나 명상할 수 있는 조용한 방을 만들어 놓고 있다. 특히 구글은 회사 내에 냅포드nap pod라는 특별한 장치를 설치했는데, 냅포드는 큰 구체 모양의 간이 침대에 자는 얼굴이 보이지 않게 낮잠을 즐길 수 있는 공간이다. 즉 잠을 보충하거나 휴식이 필요한 직원들이 방해 없이 쉴 수 있는 공간을 만들어 놓았다. 이러한 추세에 따라 우리나라에서도 야근이나 무리하게 일하지 않도록 6시 퇴근 후에는 운동이나 취미 활동을 하도록 권장하고 있다. 또 직원들이 눈치를 보거나 부담을 느끼지 않도록 리더들이 퇴근 시간을 정확하게 지킴으로써 모범을 보이고 있다.

발 빠른 기업들은 이미 10여 년 전부터 수평적 조직 문화로의 혁신을 추진해 왔다. 하지만 대부분의 기업들은 지난 몇 년 전부터 갑작스럽게 부각된 4차 산업 구조에 맞게 조직과 리더십, 소통 방법을 혁신하면서 수평적 조직으로의 변화를 서두르고 있다. 기업마다 이러한 위기의식 속에서 조직 혁신을 추진해 왔다. 그러나 문제는 조직의 구조와 업무 시스템은 단시간에 만들 수 있지만, 리더들의 언행 습관은 단시간에 바뀌지 않는다는 것이다. 사람의 언행은 과거의 수많은 사건과 경험, 사고방식이 습관으로 굳어진 것이라 쉽게 바뀌지 않으며, 더 어려운 것은 혼자 자신의 모습을 볼 수 없기 때문에 스스로 변화되기 힘들다는 것이다. 이러한 이유로 변화가 필요한 리더들은 코치를 필요로 한다.

동기와 열정을 불어넣는 리더십 코칭

최근 코칭에 대한 기업들의 요구가 높아지는 가운데 필자는 최정예 코칭팀과 함께 한 대기업의 임원진과 중간 관리자 코칭을 맡게 되었다. 이 기업에서 제시한 코칭의 목표는 수평적 조직 문화의 정착, 전체 임원들의 코칭 리더십 역량 개발, 구성원들에 대한 동기부여 능력 강화, 조직의 성과 극대화 등이다. 보통 비즈니스 코칭에서는 첫날 조직 진단지와 감성 진단지 분석 및 다면 인터뷰 등을 통해 이슈 분석을 한 후 3~5개월간의 코칭 목표를 수립한다. 두 번째 코칭 시간에는 리더 개인의 가치와 삶의 목표를 조직과 기업의 목표에 일치시키는 시간을 갖는다. 이것은 코칭에 있어서 가장 기초적이고 중요한 과정이다.

이 단계에서는 먼저 리더의 가치와 삶의 목표가 무엇인지 명확히 정리한다. 그리고 개인적인 비전 등을 나누며 그것을 조직 내에서 어떻게 실현하고 있는지 살핀다. 이 과정을 통해 리더의 평소 언행의 기준이 무엇인지를 파악하고, 이러한 요인들을 조직의 목표에 어떻게 연결시키고 있는지도 탐색한다. 아래 대화는 실제 임원들을 코칭한 사례이다.

"김 상무님, 당신의 삶에서 가장 중요한 것은 무엇인가요?

"네. 가장으로서는 가족을 잘 돌보고 행복하게 해 주는 것이고, 직장에서는 내가 있는 자리에서 나의 역할에 최선을 다하는 것이지요.”

“가정과 직장을 같은 대상으로 보고 본인의 역할에 최선을 다하려는 모습이 정말 훌륭하시네요. 나의 역할에 최선을 다한다는 것이 구체적으로 무엇을 의미하는지 말씀해 주시겠어요?”

“가정에서는 아내를 행복하게 해 주고, 아이들이 잘 성장하도록 공부 환경을 조성해 줄 뿐 아니라 스스로 사회생활 능력을 가지도록 돌봐 주는 것입니다. 그리고 조직에서는 리더로서 구성원들이 회사의 비전에 맞게 역할을 다하도록 이끌어 줄 책임이 있지요. 직원들이 나의 조직 안에서 일하는 동안 자기의 꿈을 실현하도록 돕는 것도 제가 해야 할 중요한 일이고요. 어쨌든 자신이 이끌고 있는 구성원 개개인이 성공할 수 있도록 돕는 리더가 좋은 리더라고 생각합니다.”

“네. 리더로서 늘 사람들의 행복과 성공을 도우려는 모습이 정말 훌륭하세요. 그럼 구성원들이 그렇게 성공하는 조직이 되면 상무님과 구성원들은 어떤 사람이 될까요?”

“내 사람들이 조직에서 일등이 되고, 회사에도 기여하고, 사회나 국가에도 도움이 되는 훌륭한 사람이 되겠지요.”

“그렇죠. 상무님이 바로 사회와 나라에 기여하는 훌륭한 인재를 길러 내는 분이시지요. 그런 인재를 길러 내는 상무님에게 사람들은 어떤 사람이라고 말할까요?”

“음…, 자신의 능력을 다 쏟아부어서 사람들이 성장하도록 도운 사람….”

"와! 사람들이 성장하도록 도운 사람!"

"네. 그렇게 말해 주면 좋을 것 같아요! 하하하~."

"사람들의 성장을 돕는 사람, 그런 리더가 되는 것이 본인에게 어떤 가치가 있나요?

"인간이 태어나서 자기 자신의 욕심만을 위해 사는 것이 아니라 다른 사람들이 성장하도록 돕는 일은 아주 가치 있는 일이지요. 자기 자신을 위해서만 산다면 이렇게 열심히 살지 않아도 됩니다. 대학 나오고 어지간히 하면 남들만큼은 성과를 낼 수 있고 적당히 즐기면서 살 수 있어요. 그런데 그렇게 사는 것이 뭐가 의미가 있겠어요. 좀 더 열심히 해서 약한 사람들이나 도움이 필요한 사람들을 도와주고 더 많은 사람들이 행복하게 살도록 돕는 삶이 정말 가치 있고 의미 있는 것이지요."

그동안 코칭을 통해 수많은 리더들을 만나 보았지만 자신의 가치를 모르거나 훌륭한 비전을 가지지 않은 리더란 거의 없었다. 다만 그것을 표현하거나 일상에서 실제적으로 실행하여 자신과 조직의 변화와 성장에 연결시키는 방법을 잘 모르는 사람이 많을 뿐이었다. 따라서 리더의 가치와 비전, 목적 등을 다시 재정리하여 실제 일과 삶에 연결시켜서 언행으로 나타내도록 돕는 것이 코치가 해야 할 중요한 일 중 하나인 것이다. 내가 코칭을 했던 위의 임원도 역시 가치와 비전이 명확했다. 그리고 자신과 조직의 비전을 하나로 보고 일과 삶의 모습이 일치하는 분이었다.

대기업 상무급이 되면 보통 그 회사에 30년 정도 조직의 일원으로 일해 왔고, 그 기간 중 팀장급 이상의 리더로서도 10여 년을 근무해 온 경우가 많다. 이런 임원들은 이미 스스로 개인의 꿈과 조직의 꿈을 일치시켜서 개인의 삶과 조직 안에서의 삶이 분리되지 않고 하나인 경우가 많다. 그래서 고위 관리자에게는 비전 대화를 통해 다시 한 번 개인의 비전과 조직의 비전을 일치시키고 자신의 리더십 성장과 조직의 효과적인 성과 창출을 위해 무엇을 더 개발하고 집중할 것인지 정리하게 된다. 이런 코칭 대화는 리더도 자신의 가치와 비전을 정리함으로써 나머지 근무 기간 동안 시간을 보다 효율적으로 사용하여 최고의 조직 생활을 하도록 돕는다.

또한 이 과정에서는 구성원 개개인의 가치와 비전을 정립하도록 돕는 능력을 더욱 탁월하게 개발할 수 있다. 젊은 직원들은 아직 개인의 목표와 조직의 목표가 다르다고 생각하면서 언젠가 이 일을 끝내고 자신의 꿈대로 살 것이라고 주장한다. 이 때문에 현재의 업무에 대한 열정이나 몰입도가 높지 않은 경우가 많다. 만일 많은 시간과 자원을 투자해서 선발한 직원들이 이런 생각 때문에 일에 모든 노력을 기울이지 않는다면 기업의 성장에 문제가 생길 것이 뻔하다. 그래서 리더들은 이러한 구성원의 코치가 되어 개인과 조직의 목표를 일치시키는 작업을 해야 한다.

"사람을 소중히 하고 조직과 사회에 기여하려는 상무님의 순수함과 열정을 알 수 있을 것 같아요. 그런 위대한 목표를 달성하기 위해 지금부터 더 개발하거나 집중해야 할 것은 무엇일까요?"

"아, 네. 그것을 위해서 코치님의 도움이 필요하네요. 이제부터는 지시나 가르침으로 일을 하는 것이 아니라 질문과 피드백을 통해서 직원들이 스스로 일하는 자기 주도적인 인재가 되도록 이끌어 가려고 해요. 회사에서도 리더십 방식의 변화를 원하고 있고 직원들도 마찬가지고요. 요즘 젊은이들은 칭찬을 해 줘야 일을 잘한다는 것을 압니다. 조금만 강하게 이야기하면 바로 얼굴이 굳어지고, 그러면 저 자신도 불편해지기는 마찬가지죠."

"네. 직원들에게 어떻게 해야 할지 고민하면서 실제로 많은 대안도 생각하고 계시네요. 그럼 리더로서 직원들을 자기 주도적인 인재로 만들기 위해 해야 할 중요한 일은 뭐라고 생각하세요?

"직원들이 자기가 하는 일을 좋아하고 직장에 대해 만족감을 갖도록 코칭해 줘야 하겠지요."

"네. 직원들은 이 직장에서 무엇에 가치를 두고 스스로 좋아서 일에 몰입하게 될까요?"

"음…, 회사는 정해진 일이 있으니 그들이 좋아하는 일만 하게 할 수도 없고…. 아, 우선 구성원들이 직장에서 무엇에 의미를 갖고 만족감을 갖게 되는지 알아야겠네요."

"네. 맞아요. 직원들의 몰입도를 올리기 위해서는 의미와 만족감을 주는 요인을 알아내는 것이 중요하죠."

"네. 그동안 회사 일이란 게 워낙 바쁘고 경황없으니 그런 것에 대해 구성원들과 이야기한 적은 없는데, 그게 정말 중요할 것 같아요. 그들이 자신의 가치와 의미를 이해하고 여기서 자신의 꿈을 이룰 수 있다는 생각을 갖게 한다면 직장을 좋아하고 일에도 몰입도가 올라갈 것 같네요."

이러한 대화는 리더들을 코칭할 때에 자주 등장하는 이야기다. 조직을 이끌고 있는 리더들은 모두 구성원들의 동기와 열정을 끌어올리는 방법을 찾고 있고, 그들의 마음을 이해하고 소통하는 노하우를 절실하게 요청한다. 그래서 지시와 충고 대신 질문으로 핵심을 인식하게 하고, 그들의 언행에서 사실과 감정과 의도를 파악하기 위한 깊은 경청, 그들의 재능과 노력 등을 인정하고 칭찬하는 피드백이라는 3가지 코칭 대화가 필요하다. 이 때문에 코칭 시 이슈를 해결하는 것뿐만 아니라 주요 코칭 스킬을 숙지하고 현장에서 사용하도록 돕는 것도 중요한 과정 중 하나다. 처음에는 코치가 현장의 문제들에 대한 해결 방안을 함께 찾고 해결을 지원한다. 하지만 점차 리더 자신이 코치가 되어 자신의 이슈를 스스로 해결해 나가고 직원들을 이끌어 주는 코치형 리더가 되는 것이다.

"구성원들의 몰입도와 만족도를 끌어올릴 수 있는 많은 아이디어를 말씀하셨는데, 구체적으로 당장 실행할 수 있는 것은 무엇인가요?"

"가장 먼저는… 구성원들과 대화할 기회를 만들거나 워크숍을 통해서 각자 가치 있게 여기는 것과 의미를 느끼는 것, 또 인생의 꿈과 비전을 알아내는 일인 것 같아요. 그리고 그동안 일할 때 내

방식으로만 지시하고 안 되면 다그치는 등 구성원들에게 그다지 좋은 상사는 아니었던 것 같네요. 이제 질문과 경청, 피드백을 통해서 그들에게 가장 좋은 방법을 찾아 스스로 책임지게 하고 일에 만족감을 갖도록 해야겠네요."

"아주 좋아요! 구성원들의 가치와 꿈을 조사하는 것과 코칭 대화로 직원들이 자기 일에 스스로 책임지게 하는 것! 그럼 이것을 언제부터 실행하시겠어요?"

현재 직면한 해결 과제를 인식하고 그것에 대한 근본 원인을 파악했다면 다음으로 그것을 해결할 수 있는 다양한 방법이나 대안과 자원을 찾고 실제 실행 계획을 세우게 된다. 문제를 명확히 인식하고 해결 방법을 찾고 나면 그것을 실행하고자 하는 동기는 이미 최고조에 달하게 된다. 그래서 실행 계획을 아주 구체적으로 스마트SMART 하게 세우고 나면 그 시점부터 변화가 시작되는 것이다.

"오늘 구성원들의 가치와 목표를 조직의 목표에 일치시켜서 동기와 몰입도를 끌어올리는 대안을 찾고 효과적인 실행 계획도 세우셨어요. 이 과정을 통해 새롭게 깨달은 것은 무엇인가요?"

"위에서는 변화와 혁신을 이루라고 말을 하지만 어떻게 해야 할지 몰랐죠. 이렇게 나의 가치와 비전을 살펴보고 회사의 목표와 직원들의 입장도 생각해 보면서 많은 것을 재정리하는 시간이 되었네요. 과거에도 중요한 시기가 많았지만 지금이야말로 내가 리더로서 방향을 잘 잡고 제대로 해야 하는 중요한 시기라는 생각에 책임감이 느껴지네요. 나의 첫째 고객이 바로 우리 구성원들인데, 저는 그들에게 너무 일방적으로 지시하고 요구하면서 소홀이 했다는 것도 깨달았고요. 그들의 마음을 얻어야 조직과 회사의 성장이 가능한데, 저는 제가 일을 잘해야 한다는 생각에 구성원들의 마음이나 진짜 원하는 것에는 관심이 소홀했던 것 같아요. 이제는 제가 일을 많이 해서 성과를 내는 것에 집중하는 것이 아니라 직원들이 더 즐겁게 일할 수 있도록 코치하고 칭찬하는 일에 집중해야겠다는 결심을 했습니다."

이 리더는 자신의 삶에서 가장 중요한 것, 즉 가치와 비전을 재정리함으로써 인생의 방향을 명확히 했다. 또 자신의 가정과 직장에서 리더로서의 효과적인 역할이 무엇인지도 탐색했다. 가족을 행복하게 해 주고 구성원들이 자신의 조직에서 꿈과 목표를 이루어 행복하고 성공적인 삶을 살도록 돕는 전략을 세운 것이다. 그것을 위해 헌신하는 리더, 그것이 이 리더의 존재 가치였다. 그동안 머릿속에서 정리되지 않은 채 혼란했던 자신의 미래 방향을 명확히 잡고 가치와 비전을 세우니 무엇을 해야 할지 명확해지고, 실행 방법도 알게 되니 동기도 강력해진 것이다.

조직을 이끌고 있는 리더들은 모두 구성원들의 동기와 열정을 끌어올리고, 그들의 마음을 이해하고 소통할 수 있는 좋은 방법을 절실하게 찾고 있다. 리더들은 지시와 충고 대신 질문으로 핵심을 인식하게 하고, 상대의 말에서 사실과 감정과 의도를 파악하기 위한 깊은 경청, 그들의 재능과 노력을 인정하고 칭찬하는 피드백 등 이상 세 가지 코칭 스킬이 필요하다. 처음에는 코치가 함께 현장 이슈들을 해결해 나가지만, 점차 리더 스스로 문제를 해결해 나가면서 동시에 구성원들의 코치가 되어 그들이 주도적으로 업무 성과를 내고 성취감을 느끼도록 코칭해 주어야 한다. 이렇게 조직의 리더가 코치가 되면 업무의 위임이 효과적으로 이루어짐으로써 자기 혼자서 짊어지던 부담과 책임량이 줄어들고 시간적·정신적 여유가 생겨서 행복 수치가 한층 높아진다. 또한 코치형 리더가 있는 조직의 가치와 비전은 더욱 증대된다. 그래서 구성원들 개개인도 창의적으로 일하는 자기 주도적인 인재가 되고 더욱 행복해지게 된다. 그 결과로 개인과 조직의 성과가 극대화되는 것이다.

Detail

Deep

Part **3**

질문의 틀: 5R 코칭 대화

．
．
．

코칭은 '모든 사람들은 스스로
답을 창조할 수 있는 능력을 가지고 있다'는
믿음 위에서 이루어진다.
인간의 무한한 가능성과 능력을 믿는 사람은
상대가 자신의 문제를 스스로 해결할 수 있도록
탁월한 질문을 제시하고
아낌없는 격려와 지지를 해 줄 것이다.

．
．
．

질문은 사람들의 머릿속에 흐트러져 있던 생각을 정리하게 만든다. 또 정리된 생각을 통합하여 탁월한 솔루션을 내게 하고, 나아가 그것을 즉시 실행하고 싶은 열정을 불러일으킨다. 누군가 우리에게 효과적인 질문을 지속적으로 해 준다면 우리는 일과 삶을 보다 효과적으로 관리하면서 더욱 행복해질 수 있을 것이다. 대화할 때 누군가 나의 말에 집중해 주고, 인정해 주고, 칭찬해 준다면 그것처럼 기분 좋은 일은 없다. 나에게 완전히 집중해 주고 응원해 주는 사람과 이야기를 하다 보면 '아, 내가 잘하고 있구나' 하는 안도감이 들고 자신감이 한층 올라가게 된다.

　대개 처음 만나거나 친숙하지 않은 사람과는 무슨 이야기부터 시작해야 할지 당황스러울 때가 많다. 날씨, 건강, 사회 이슈들을 이야기한다 해도 대화 소재가 궁색해질 때가 많다. 그래서 '다음엔 무슨 이야기를 해야 하나' 하는 생각에 긴장되고, 긴장될수록 할 말이 떠오르지 않아 당황스럽다. 급기야 빨리 이 자리를 뜨면 좋겠다는 생각도 하게 된다. 그래서 많은 사람들이 대화 잘하는 방법을 배워 능숙하게 소통하는 능력을 개발하고 싶어 한다. 그런데 질문 스킬이 바로 소통을 능숙하게 해 주는 가장 좋은 툴이다.

질문은 언제 어디서나 어떤 상황에서나 사람들의 마음을 열고 흥미롭고 의미 있고 진지한 대화의 장으로 이끌어 준다. 과거에도 우리는 일상 가운데 질문을 많이 사용했지만, 이제 이야기할 질문은 우리가 알고 있던 기능과 많이 다르다. 궁금한 것 물어보기, 정보 얻기, 비난이나 질책을 하기 위한 질문 등은 과거에 자주 사용하던 기능이다. 그러나 코치의 질문은 상대의 마음을 열어 주고 열정을 불러일으킨다. 또한 목표를 세우게 하고 현재 직면한 상황을 직시하게 할 뿐 아니라 풍부한 자원을 찾게 해 주어 실행력을 올려 주는 도구가 된다. 이러한 기능을 가진 질문에는 질문마다 명확한 의도와 목적이 있고, 또 프로세스가 있다.

이제 아주 간단하지만 큰 효과를 발휘하는 '5R 코칭 대화'를 숙지하여 사람의 마음을 움직이는 대화 능력을 개발해 보자. 이런 질문은 누구나 사용하기 쉽도록 일정한 프로세스와 틀로 구성되어 있다. 5R 코칭 대화를 기반으로 한 '질문의 틀'은 다섯 가지 단계로 구성되어 있는데, 관계Relation 형성, 목표Refocus 수립, 현실Reality 인식, 자원Resources 도출, 실행 책임Responsibility으로 이어진다. 이 질문의 틀은 세계 140여 개국의 코치와 리더들이 업무 현장이나 일상에서 사용하는 가장 기초적이고 핵심적인 코칭 대화 프로세스다. 이제부터 이 질문의 틀의 구조와 목적 및 효과를 살펴보도록 하자.

01.
친밀한 인간관계 형성하기

    가정이나 직장에서 이야기할 때 거두절미하고 바로 목적만 말하거나 자신이 말하고 싶은 것을 중심으로 이야기한다. 가정에서 엄마가 학교에 다녀오는 자녀를 보면서 흔히 "어, 씻고 밥 먹어"라고 말한다. 이것은 목적형이자 지시 어투다. 엄마는 아이를 보자마자 '밥 먹으라'는 목적을 가진 행동을 촉구하고 있는 것이다. 또 말의 방향은 위에서 아래를 향해 지시하는 형태다. 만일 관계를 중요하게 생각하고 자녀를 존중한다면 다음과 같이 다르게 말할 것이다.

    "오, 왔구나! 오늘은 어땠니?"

    이렇게 아이의 기분이나 상태에 관심을 두고 질문으로 대화를 시작할 것이다. 그리고 이 말에 대한 자녀의 대답을 경청하면서 자녀의 하루 일과나 건강 상태 등에 대해 이야기를 이어갈 것이다. 집에 왔을 때 따뜻하고 사랑 가득한 눈빛으로 바라보면서 자신의 안위를 물어봐 주는 부모를 보고 기분이 상할 자녀란 없다. 자녀를 사랑하는 부모라면 항상 자녀의 안부와 필요에 세심한 관심을 보이면서 따뜻한 마음을 주고받는 대화를 하는 것이 정상이다.

이처럼 인간관계는 상대를 존중하고 관심을 갖는 것에서 시작된다. 물론 모르는 사람이나 오랜만에 만나는 사람, 공식적인 관계에서만 필요한 게 아니라 매일 만나는 가족, 직장 동료, 이웃 등 모든 인간관계에 적용된다. 즉 인간관계는 상호 존중과 신뢰를 주는 안전한 대화를 통해 이루어진다. 그래서 좋은 관계의 형성을 위해 사람을 긍정적으로 보는 시각, 상대의 행복과 미래에 대해 진정한 관심을 가지는 마음, 상대를 이해하려는 자세를 가질 필요가 있다. 상대의 결점이나 개선할 부분만 들추다 보면 상대의 기분이 좋을 리없고, 또 입을 다물어 버리면 대화는 단절되고 만다. 그래서 좋은 관계의 형성을 위해서는 먼저 상대의 긍정적인 면에 관심을 가지고 상대의 행복을 위해 무엇이 필요한지 관찰하고 질문하는 태도가 필요하다.

이제 상대의 마음을 열어서 관계를 돈독하게 만드는 질문의 틀을 살펴보자.

질문의 틀

- 오늘 컨디션은 어떠세요?
- 새로운 소식은 무엇인가요?
- 지난 한 주간 즐거웠던 일은 무엇이 있나요?
- 지난 한 주간 성취한 것이 있다면 무엇이 있을까요?
- **요즘 더 집중하고 싶은 것은 무엇인가요?**

코칭 대화

■ 긍정적 에너지를 만드는 관계 형성 사례 1

코치: 반갑습니다. 저는 양 코치입니다.

고객: 코치님 안녕하세요?

코치: 제가 고객님을 뭐라 부르면 좋을까요?

고객: 김 실장이라고 불러 주세요.

코치: 네. 김 실장님, 요즘 즐거웠던 일은 무엇인가요?

고객: 이제 장마철이 지나 맑은 하늘을 볼 수 있어서 좋네요.

코치: 맞아요! 오늘 날씨가 아주 좋아요. 요즘 새로운 소식이 있다면 무엇이 있을까요?

고객: 직장에 들어온 지 얼마 안 되서 좀 어색하고 외롭기도 했는데, 의지가 되는 좋은 동료가 생겼어요.

코치: 와우! 너무 잘됐네요.

■ 긍정적 에너지를 만드는 관계 형성 사례 2

코치: 요즈음 새롭게 시작한 일은 무엇이 있을까요?

고객: 새로운 취미 생활을 시작했어요.

코치: 그렇군요. 좀 더 구체적으로 이야기해 주시겠어요?

고객: 차분하게 할 수 있는 취미를 찾다가 지난 주부터 동료와 함께 그림을 그리기 시작했습니다.

코치: 와우! 대단하신데요. 어떤 계기가 있으셨어요?

고객: 제 내면을 볼 수 있고, 그것을 표현할 수 있는 뭔가를 생각했었는데…, 그것이 그림이라고 생각되어 시도하게 됐어요.

코치: 너무 잘됐네요.

■ 긍정적 에너지를 만드는 관계 형성 사례 3

코치: 요즘 새롭게 성취하신 일이 있다면 어떤 것이 있을까요?

고객: 최근 중요한 프로젝트를 마무리했습니다.

코치: 그렇군요. 마무리한 기분이 어떠세요?

고객: 훨훨 날아갈 것 같아요.

코치: 와~, 정말 축하드립니다! 이런 홀가분한 마음으로 무엇을 하고 싶으세요?

고객: 네. 이제 주말에 가족과 영화도 보고 좋아하는 등산을 가고 싶어요.

이와 같이 관계 형성을 잘하기 위해서는 무엇보다 상대가 긍정적인 것을 떠올려 표현하게 하는 것이 가장 좋다. 그래서 상대에게 '즐거웠던 일' '새로운 소식' '새롭게 성취한 일' 등에 대해 물어보면서 함께 즐거워하고 격려하고 지지하는 대화를 이어가는 것이 효과적이다. 위의 〈관계 형성 사례 1, 2〉는 상대의 상태를 그대로 인정하고 격려하고 있으며, 〈관계 형성 사례 3〉은 에너지를 긍정적으로 바꾸어 기쁨이 더욱 강화되도록 이끌어 주고 있다. 그렇게 해서 행복한 상태를 만들게 되면 긍정적인 관계 형성을 이끌어 낸다.

그러나 "컨디션이 어때요?" "새로운 소식이 무엇인가요?" 하고 물어보면, "피곤하다" "힘들다" "일 때문에 스트레스가 쌓인다" 등 부정적인 면을 말하는 경우도 자주 접하게 된다. 이럴 때는 아래와 같이 상대의 어려움을 있는 그대로 받아 주고 수용하면서 인정하는 자세가 필요하다.

코칭 대화

■ 부정적 마음을 공감하는 관계 형성 사례 1

코치: 오랜만에 뵙네요. 오늘 컨디션은 어떠세요?

고객: 네. 요즘 건강이 안 좋아서 걱정이에요.

코치: 건강이요? 어디가 안 좋은가요?

고객: 네. 일이 많이 바쁘다 보니 스트레스가 쌓여서 위가 안 좋고 머리
　　　도 자주 아파요.

코치: 저런! 많이 힘드시겠어요.

고객: 이제 월말이 지나면 좀 나아질 것 같아서 그때 며칠이라도 휴가를
　　　내서 쉬려구요.

코치: 좋은 방법이네요. 꼭 휴가를 내서 잘 쉬고 회복되시기를 바랍니다.

■ 부정적 마음을 공감하는 관계 형성 사례 2

코치: 요즘 새로운 소식은 무엇인가요?

고객: 네. 어제 시험에 불합격했어요.

코치: 그러셨군요. 마음이 많이 힘드시겠어요.

고객: 네. 지난 1년간 모든 시간과 자원을 투자하여 준비해 왔는데, 그것
　　　이 실패하니 너무 허탈하네요. 이제 어떻게 해야 할지 모르겠어요.

코치: 네. 그러시겠어요. 그렇게 준비해 왔는데, 안 되어 많이 허탈하셨겠
　　　어요?

고객: 네.

코치: 이제부터 다음 단계는 어떻게 해야 할지에 대해서 대화를 나누는
　　　게 유익할까요?

코치: 얼굴이 어두워 보이는데, 고민되는 일이 있나요?

고객: 그래요? 사실은 요즘 사는 게 재미가 없고 좀 지루해요. 무엇을 해야 할지 모르겠고….

코치: 삶에 재미를 못 느끼시는군요. 그 이유를 물어봐도 될까요?

고객: 글쎄요. 저도 잘 모르겠어요. 취직이 안 되서 그런 것 같기도 하고, 미래에 무엇을 해야 할지 뚜렷한 방향을 못 잡겠어요.

코치: 미래에 무엇을 해야 할지 방향을 못 잡으시는군요?

고객: 네. 어떤 일을 하려고 하면 귀찮아지고, 또 다른 것에 관심을 가지고 해보려고 하면 또 안 맞을 것 같고, 그냥 다 귀찮게 느껴져요.

코치: 아, 다 귀찮게 느껴지는군요?

고객: 네.

코치: 정말 어떤 마음인지 알 것 같아요.

이렇게 상대가 대화 초기부터 어려움이나 부정적인 상태를 말한다면 당황하거나 억지로 긍정적인 에너지로 전환하려고 시도하기보다 있는 그대로를 받아 주고 공감해 주는 것이 도움이 된다. 대부분의 사람들은 자신의 이야기를 들어주고 공감해 주면 어느 정도 부정적인 마음이 진정되고 편안해진다. 이럴 때 상대의 민감한 부분에 대해서 물어보거나 어려운 상태에 개입할 때에는 양해를 구하는 노력이 필요하다. "이 부분에 대해서 물어봐도 될까요?" "혹시 내키지 않으면 대답 안 하셔도 돼요" 하고 양해를 구한다면 민감한 부분도 기분 상하지 않고 말할 수 있다. 이렇게 실망하거나 고민이 있거나 어려움에 처한 상대와 이야기할 때에도 긍정적인 이야기를 나눌 때와 마찬가지로 상대의 존재 자체를 인정하고 존중하는 자세를 유지하는 것이 가장 중요하다.

대화의 시작 시점에서 긍정적인 이야기로 관계 형성이 잘된다면 대화를 다음으로 이어가기가 수월해진다. 그러나 이 시점에서 부정적인 이야기나 우울한 이야기가 나올지라도 시종일관 상대를 존중하고 있다는 것을 나타내면서 조심스럽게 대화를 이어간다면 친밀감과 신뢰가 자연스럽게 형성된다. 오히려 부정적인 면이나 우울한 이야기로 시작된다면 상대의 마음을 깊이 공감하고 인정해 줄 수 있는 좋은 기회가 되기도 한다. 관계 형성은 대화 시작 시점이 가장 중요하다. 하지만 시작 때만 주의를 기울이고 마는 것이 아니라 대화가 진행되는 전체 과정에서 지속적으로 존중감을 나타내면서 친밀감과 신뢰가 이어지도록 하는 노력이 필요하다.

02.
명확한 목표 도출하기

명확한 목표

우리는 대부분 다른 사람들의 이야기를 들어주기보다 자신의 이야기를 하는 것을 더 좋아한다. 질문은 이러한 사람들의 욕구를 충족시켜 주는 탁월한 도구다. 좋은 질문을 하면 상대는 자신의 이야기를 술술 풀어 놓게 된다. 그런데 기왕에 질문을 해서 상대가 이야기를 하도록 자리를 깔아 줄 마음이 있다면 상대가 자신의 이야기를 통해 유익을 얻거나 성장이 이루어진다면 금상첨화일 것이다. 다시 말해 상대방이 이야기하고 싶은 욕구를 충족시켜 줄 뿐만 아니라 성장할 수 있는 계기를 마련해 준다는 것은 큰 선물이다.

이렇게 도움을 주는 대화를 하기 위해서는 상대가 해결을 필요로 하는 주제나 목표를 명확히 하는 것이 선행되어야 한다. 목표가 없는 대화는 방향을 잃고 그저 두서없이 생각나는 대로 이야기하는 수다나 잡담에 불과하다. 우리의 귀한 시간을 수다로 보낼 것이 아니라 명확한 목적을 가진 가치 있는 대화로 만들기 위해서는 관계를 형성한 후에 '주제'와 '목표'를 명확히 할 필요가 있다.

목표를 정하고 그것을 이루기 위한 다양한 대안이나 실행 계획을 이야기한다면 그 대화는 의미와 가치가 있다. 목표를 명확히 하는 것은 상대의 능력과 시간을 더 효율적으로 사용하게 해 준다는 점에서도 가치가 있다. 지위 고하를 막론하고 박식의 유무를 떠나 대부분 사람들은 일상에서 진정으로 가치 있는 목표를 의식하지 못하고 살아간다. 나의 선호나 의도와는 관계없는 잡다한 일들이 시시각각 닥쳐와 우리의 가는 길을 가로막고 방향을 틀어 버려서 목적대로 살지 못하게 한다.

물론 많은 사람들은 어느 시기가 되면 그 잡다하고 시급한 일을 처리한 후에 다시 자신의 진정한 목표를 향해 본래의 길을 걸어갈 것이다. 반대로 다시 본래의 목표로 돌아가지 못하고 잡다한 일에 평생을 보내는 사람들도 많다. "삶에서 진정으로 이루고 싶은 것이 무엇인가요?" "원하는 결과를 만들기 위해서 새롭게 시도하고 싶은 것은 무엇인가요?" 하고 묻는 것은 상대가 진정으로 집중해야 할 목표를 향해 궤도를 조정할 수 있도록 돕는 훌륭한 질문이다.

목표 도출하기

목표와 의도를 명확히 정립한다면 결과를 성취하기 위해서 행동하려는 소망과 열정이 생기게 된다. 코칭은 목표와 현실의 차이를 인식시켜 주고 그 간극을 좁히도록 돕는 과정이다. 그래서 목표를 정한 후에는 미래의 결과 이미지를 생생하게 그려 보도록 하는 것이 효과적이다. "그 목표를 이루면 당신은 어떤 모습이 되나요?" "그 목표를 이룬 변화된 상태는 어떤 것인가요?" 하고 질문하면, 결과를 이미지로 상상하면서 목표가 이루어졌을 때의 느낌을 생생하게 느껴볼 수 있다.

사람의 몸은 상상하고 생각한 대로 화학 반응을 일으켜서 상상한 것이 마치 진짜인 것으로 인식하고 에너지를 변화시킨다. 그래서 그 결과를 소유하고 싶은 열정이 생기고 긍정적인 에너지가 올라간다. 이 긍정적인 에너지를 더욱 증대시키기 위해 "그 목적을 이루면 사람들이 당신에게 뭐라고 칭찬을 해 줄까요?" "당신은 어떤 기분이 들까요?"라고 질문하게 되면 몸에 긍정적인 에너지가 보다 확장된다. 사람들은 인정받고 칭찬 받을 때 존재 가치를 느낀다. 목표가 달성되면 자신의 가치가 올라간다는 상상을 하면서 목표를 이루고 싶은 동기와 열정이 더욱 커진다. 그래서 목표를 명확히 표현하게 할 때 미래 그림 그리기를 하거나 존재 가치를 느끼게 하는 것이 동기를 북돋는 역할을 하게 된다. 마지막으로 그 결과와 현재의 차이가 어느 정도인지 인식하게 해 준다면 그 틈을 메우기 위한 해결 방법을 찾는 단계로 자연스럽게 나아갈 수 있다.

질문의 틀

- 오늘은 어떤 주제로 대화를 나누면 좋을까요?
- 그것이 당신에게 어떤 의미(가치)가 있나요?
- 그것의 구체적인 목표를 정한다면 무엇이 될까요?
- 그 목표를 이루면 어떤 결과가 되나요?
- 그 목표를 이루면 사람들이 당신에게 뭐라고 칭찬할까요?

코칭 대화

■ 기본 목표 도출을 위한 질문 사례 1

코치: 새롭게 시도하거나 개발하고 싶은 것은 무엇입니까?

고객: 영어 공부요.

코치: 영어 공부가 왜 중요한가요?

고객: 영어를 잘해서 해외여행을 가서 자유롭게 이야기하고 싶어서요.

코치: 아, 그렇군요.

■ 기본 목표 도출을 위한 질문 사례 2

코치: 오늘은 어떤 주제로 이야기하면 좋을까요?

고객: 건강이요.

코치: 좀 더 구체적으로 말씀해 주시겠어요?

고객: 요새 체중이 늘고 있어서 자주 피곤하고 뭔가 조치가 필요해요.

코치: 건강이 본인에게 어떤 의미인가요?

고객: 모든 성인병의 원인이 되기 때문에 표준 체중을 유지하는 게 건강 관리에서 중요한 것 같아서요.

코치: 그렇군요. 그럼 그것의 구체적인 목표를 잡는다면 무엇일까요?

고객: 식이요법과 운동을 정기적으로 하는 것이요.

코치: 좋아요. 그 목표를 이루면 어떤 상태가 되나요?

고객: 전에 입던 옷들이 모두 잘 맞고 아침에 일어나면 몸이 가볍고 상쾌한 상태요.

코치: 그 목표를 이루면 주변 사람들이 뭐라고 칭찬해 주기를 원하세요?

고객: "몸매도 멋지고 얼굴이 밝아서 즐겁고 행복해 보여요"라고 해 주면 좋을 것 같아요.

코치: 목표가 이루어진 상태가 10점 만점이라면 지금은 몇 점인가요?

고객: 음…, 5점이요.

코치: 우리의 코칭을 통해 몇 점까지 올라가면 만족하시겠어요?

소중한 것 선택하기

사람들에게 무엇을 하고 싶은지 물어보면 여러 가지를 내놓을 수 있다. 이때 중요해 보이는 것을 코치가 선택하는 실수를 하지 않도록 주의해야 한다. 만일 여러 가지 목표 가운데 코치가 한 가지 목표를 선택해 이야기를 했는데, 상대가 그것보다 다른 것이 더 중요하다고 느낀다면 대화에 적극적으로 임하지 않을 우려가 있다. 그래서 상대가 원하는 목표를 스스로 선택하도록 도와야 한다. 어떤 경우 단순하게 상대가 여러 가지 목표를 내놓을 수도 있지만, 반대로 코치가 여러 가지 이슈를 내놓게 해서 그 중에서 더 중요한 한 가지를 선택하게 도울 수 있다. 다음은 몇 가지 관심사나 이슈를 도출해서 그 중 진짜 중요한 것을 선택하게 하는 질문이다.

■ 여러 목표 가운데 하나를 선택하게 하는 목표 질문 사례 1

코치: 당신에게 기적이 일어난다면 그것은 무엇일까요?

고객: 통장에 10억이 들어와 있는 거요.

코치: 그것이 당신에게 어떤 의미인가요?

고객: 아이가 많이 아파요. 그 돈이 있다면 아이의 병을 위해 수술하고 치료할 수 있어서요.

코치: 그것 말고 다른 기적이 일어난다면 그것은 어떤 것일까요?

고객: 조용한 바닷가에서 마음껏 쉬고 싶어요.

코치: 그것이 당신에게 중요한 이유는 무엇인가요?

고객: 지난 몇 년간 회사 일과 아이 병간으로 많이 지쳐서 쉬고 싶어요.

코치: 둘 중에 한 가지만 선택한다면 어떤 것을 선택하시겠어요?

고객: 우선 너무 지쳐 있어서 바닷가에서 편히 쉬는 것이요.

■ 여러 목표 가운데 하나를 선택하게 하는 목표 질문 사례 2

코치: 신이 당신에게 모든 자원을 다 준다면 무엇을 하고 싶으세요?

고객: 봉사 단체를 세우고 싶어요.

코치: 좀 더 구체적으로 이야기해 주시겠어요?

고객: 환경이나 자원이 갖추어지지 않아서 교육을 못 받고 어렵게 사는 아이들을 돕는 일을 하고 싶어요.

코치: 그것이 당신에게 어떤 의미가 있나요?

고객: 아이들이 능력을 마음껏 개발해서 사회에서 행복하게 살도록 돕

는 것이 제 사명이라고 생각합니다.

코치: 사명이군요. 좋아요. 그것 말고 또 하고 싶은 것은 무엇인가요?

고객: 여행을 하고 싶어요.

코치: 그것은 어떤 가치를 가지고 있나요?

고객: 세계 여행을 하면서 사람들이 어떻게 사는지 보고 배우고 싶어요.

코치: 네. 그것도 아주 가치 있는 일이네요. 그럼 둘 중에 무엇을 먼저 하고 싶은가요?

이처럼 목표 도출은 여러 가지 방법으로 할 수 있다. 주제는 큰 보따리와 같다. 예를 들면, 건강, 재정, 일, 가정 등은 한 덩어리의 큰 주제이자 보따리와 같다. 하지만 이것은 그 자체에 관심이 있다는 것이지, 목표가 아니다. 대화가 실효성 있고 실제적인 실행 방안까지 도출하려면 세분화하여 구체적인 목표로 정리할 필요가 있다. 그래서 주제를 먼저 정하고 그 주제를 선택한 이유, 의미, 가치를 경청해야 한다. 그리고 그것이 중요함을 서로 인식했다면 다음 단계로 목표를 구체화하는 과정이 필요하다. 또한 한 가지 주제가 아니라 여러 주제를 내놓게 하면 중요한 우선순위가 무엇인지 알 수 있다. 그리고 그 중 더 중요한 것을 선택하게 한다면 소중하고 시급한 목표가 도출된다. 소중하고 시급한 목표가 명확하게 정해지면 본격적으로 다음 단계로 대화를 전개해 나갈 준비가 된 것이다.

03.
직면한 현실 인식하기

　목표를 세운 후에는 현재 상황을 객관적으로 살펴보는 과정이 필요하다. 이것은 왜 목표를 이루지 못하는지에 대해 돌아보게 한다. 장애물이나 걸림돌을 살펴보면 그것을 해결하는 방법이나 장애물을 피하여 더욱 효과적으로 이룰 수 있는 전략과 방법을 찾기가 용이해진다. 또한 연관된 사람과의 관계, 주변 환경, 걸림돌을 살펴보는 것은 목표와 현실 간의 차이를 인식하게 하는 데 도움이 된다.

　현실 인식을 잘하기 위해서는 상대가 표현하는 것을 경청할 뿐만 아니라 표현하지 않는 것까지도 세심하게 관찰하는 노력이 필요하다. 사람들은 남에게 말하기 좋은 것은 쉽게 이야기하지만 어려움이나 실수 등은 내어놓기를 꺼려한다. 코치는 사람들의 숨겨진 내면의 어려움까지도 부담없이 내놓을 수 있게 해 주어야 한다. 이를 위해 직관과 통찰을 사용하여 상대가 말하는 객관적인 사실뿐만 아니라 말하지 않는 내면의 감정은 어떤 상태인지, 그리고 진짜 원하는 숨겨진 의도가 무엇인지 등에 대해 깊은 관심을 가지고 현실 상황을 살펴보도록 도와주어야 한다.

현실 인식을 하도록 도울 때에는 상대가 어렵고 깊은 이야기도 편하게 꺼내도록 핵심적인 질문을 한 후에 조용히 침묵하고 경청하는 자세가 필요하다. 만일 코치가 경청하기보다 자기 설명을 하는 데 많은 시간을 할애하거나 질문이 명확하지 않고 중언부언한다면 상대는 자신의 내면을 들여다볼 기회를 놓치게 된다.

고객 B씨는 17년간 전문 분야에서 탁월하게 일하고 있는 40대 초반의 여성이었다. 매스컴을 통해서도 잘 알려진 커리어우먼으로 매우 활동적인 고객이다. 실력 있는 변호사였는데, 여러 건의 큰 사건을 맡아 성공적으로 수행해 낸 나름 성공한 전문가였다. 그런데 B씨와 두 번째 만나 코칭을 할 때 무엇인가 내면의 어두운 에너지를 느낄 수 있었다. 물론 그녀는 밝은 부분만 이야기했지만 순간순간 스쳐가는 그녀의 표정과 감정에서는 뭔가 걱정이 있는 것처럼 느껴졌다. B씨의 자신감을 억압하고 원하는 행동을 가로막는 것이 무엇인지 궁금했지만, 그날은 자신의 내면을 열지 않았다. 그래서 "말할 때 주저하거나 염려하는 것 같은 표정은 무엇을 의미하나요?"라는 질문을 던졌다. 물론 답을 피하고 헤어졌지만, 다음 만남에서 그에 대한 이야기를 하기 시작했다. B씨는 숨겨진 걱정과 우려를 솔직하게 내어놓으면서 목표를 방해하는 원인을 알게 되었다. 이후 실효성 있는 해결 방안을 찾게 되었고, 밝은 얼굴로 다시 되돌아왔다.

누구든지 상대에게 집중하여 경청하고 관찰한다면 어두운 에너지, 걱정이나 우려 등을 감지할 수 있다. 그것은 목소리의 톤, 표정의 변화, 한숨, 눈의 방향, 말과 말 사이의 차이 등을 통해서도 알 수 있다. 코치는 이러한 변화를 인식하게 될 때 가볍게 여기고 지나칠 게 아니라 그것이 무엇을 의미하는지 직접적인 소통을 해서 밖으로 표출시킨 다음, 문제를 해결하도록 도와야 한다.

질문의 틀

- 현재 어떤 상태에 있나요?
- 목표와 현실과의 차이는 무엇인가요?
- 목표 달성을 위해 그만두거나 버려야 할 것은 무엇인가요?
- 목표를 이루기 위해서 바꾸어야 할 것은 무엇인가요?
- 말할 때 주저하는 이유는 뭔가요?
- 걱정스러운 표정을 읽었는데, 그것은 무엇을 의미하나요?

코칭 대화

■ 현실 인식 질문 사례 1

코치: 실제 현실은 어떤가요?
고객: 자금도 없고 인력도 없습니다.
코치: 그렇게 된 이유는 무엇인가요?
고객: 구체적인 계획과 실천 없이 생각만 하고 있었던 것 같아요.

■ 현실 인식 질문 사례 2

코치: 계획대로 진행하지 못하는 원인은 무엇인가요?

고객: 저는 미리미리 계획하기보다 코앞에 닥쳤을 때 부랴부랴 하는 경향이 있습니다.

코치: 그렇군요. 지금과 같은 패턴으로 계속 생활한다면 3년 뒤의 모습은 어떨 것 같나요?

고객: 그냥 성취감 없이 꿈만 꾸는 사람이 되겠지요.

코치: 그러한 자신을 생각하면 어떤 느낌인가요?

■ 현실 인식 질문 사례 3

코치: 이러한 현실을 극복하는 데 두려움을 주는 것은 무엇이 있을까요?

고객: '남들이 인정해 주지 않으면 어떻게 하지?' 하는 두려움….

코치: 목소리에 좀 걱정이 느껴지는데, 그것은 무엇을 의미하나요?

고객: 자신감 부족 때문인 것 같아요. 저는 사람들에게 인정받고 싶지만 사람들 앞에만 서면 얼굴이 빨개지고 말이 안 나와요. 그래서… 정말 그것이….

코치: 아~, 사람 앞에 서면 말이 안 나오는군요?

04.
자원과 기회 개발하기

코칭은 '모든 사람들은 스스로 답을 창조할 수 있는 능력을 가지고 있다'는 믿음 위에서 이루어진다. 만일 상대가 스스로 할 수 있는 능력이 없다고 생각한다면 지시하고 가르치거나 조언이나 충고를 하게 될 것이다. 그러나 인간의 무한한 가능성과 능력을 믿는 사람은 상대가 자신의 문제를 스스로 해결할 수 있도록 탁월한 질문을 제시하고 아낌없는 격려와 지지를 해 줄 것이다. 코칭이 기존의 교육이나 인재 훈련과 전혀 다른 점은 바로 이러한 철학 때문이다. 자신의 문제를 해결할 수 있는 충분한 능력을 내부에 가지고 있다는 믿음, 이 믿음이 전제되어야만 질문이 가능해진다. 이것은 지식의 유무나 인종의 차이와도 상관없으며, 이 세상에 존재하는 인간 모두에게 적용되는 것이다. 자산의 많고 적음과도 무관하고 학식의 많고 적음과도 무관하다. 코칭의 철학 위에서는 그냥 현재의 상태와 목표를 아는 것이 중요하고, 목표를 이루기 위해서 가장 효과적인 방법이 무엇인지 탐구하고 찾아나가는 과정이 중요하다.

우리가 앞서 진행한 것처럼 목표를 세우고 현실 파악이 되었다면 이제 본격적으로 방법 찾기에 돌입할 차례다. 방법을 잘 찾기 위해서는 상대의 재능, 성격 특성, 강점 등을 아는 것이 도움이 된다. 대부분 사람들의 문제는 외부에 있는 것처럼 보이지만 실제로는 내부에 있는 경우가 많다. 즉 문제도 내부에 있고 해결할 수 있는 자원도 내부에 있다. 그러므로 문제의 원인도 내부를 들여다봄으로써 발견할 수 있고, 해결 방안도 내부에서 찾을 수 있다.

현실 인식은 상대가 생각하고 있는 문제의 원인을 내부에 가지고 있는 제한된 신념, 부정적인 습관, 두려움, 걱정 등을 들여다봄으로써 직시하고 현실적인 걸림돌을 명확하게 보게 하는 과정이다. 또한 자원 찾기도 이미 가지고 있는 재능, 성격 특성, 강점 등을 바탕으로 내재화된 관련 기술이나 지식을 동원하여 그 안에서 해결 방안을 찾는 데 집중하는 것이다. 자원에는 그밖에도 인간관계나 재정 등 인적·물적·환경적 자원도 포함되지만, 많은 경우 이러한 물적 자원은 간단하게 변화시키거나 단기간에 조정할 수 없다. 따라서 자원을 찾을 때 개인의 의지에 따라 조절할 수 있는 내적 자원에 집중하여 필요한 것을 강화하거나 확장시켜서 해결에 연결하는 것이 가장 효과적이다.

질문의 틀

- 사용 가능한 최적의 자원은 무엇이 있을까요?
- 목표 달성을 위해 당신의 강점을 어떻게 사용할 수 있나요?
- 노력을 두 배 더 확대한다면 어떻게 할 수 있나요?
- 한 번도 시도해 본 적 없는 혁신적인 방법은 무엇인가요?
- 당신이 상사라면 어떻게 처리할까요?
- 또 다른 방법은 무엇이 있나요?

코칭 대화

■ 자원 도출을 위한 질문 사례 1

코치: 이 목표를 이루기 위해 사용 가능한 자원은 무엇인가요?

고객: 우선 함께해야 할 우리 팀 구성원들에게 협력을 구해야지요.

코치: 목표를 이루기 위해 자신의 강점을 어떻게 사용할 수 있을까요?

고객: 저는 일이 주어지면 두려워하지 않고 일단 추진하면서 대처해 나가는 스타일이고요. 사람들이 협력할 수 있도록 설득을 잘할 수 있을 것 같아요.

코치: 추진력과 협력 도출이요. 그 강점을 2배 더 확대한다면 어떻게 다르게 할 수 있나요?

고객: 일단 추진하면서 어떻게 하는지 구성원들에게 보여 주고 한 사람씩 본인도 할 수 있도록 이끌겠습니다. 개인적으로 만나서 식사라도 하면서 상황 설명을 하고 협력하도록 설득해야지요. 이번에는 보통 때보다 좀 더 진지하게 시간을 잡아서 잘 설득해 보겠습니다.

■ 자원 도출을 위한 질문 사례 2

코치: 건강을 강화하기 위해 할 수 있는 좋은 방법은 무엇인가요?

고객: 우선 운동을 정기적으로 해야겠어요.

코치: 운동이요. 또 다른 방법은 무엇이 있나요?

고객: 음식 조절도 필요합니다. 야채 중심으로 먹고 밤늦게는 먹지 않도 록 하는 거요.

코치: 그것도 필요하겠네요. 한 번도 시도해 적 없지만 새롭게 시도해 볼 수 있는 것은 무엇인가요?

■ 자원 도출을 위한 질문 사례 3

코치: 과거에 성공한 사례가 있다면 무엇인가요?

고객: 3년 전까지는 정기적으로 실행하고 좋은 상태를 유지했었습니다.

코치: 그때 그렇게 성공할 수 있게 한 요인은 무엇인가요?

고객: 그때는 지금보다 의지가 강했고, 주변에 함께할 수 있는 친구들도 있었어요.

코치: 그때의 경험을 적용하여 이번에도 성공할 수 있는 방법을 찾아본 다면 무엇인가요?

고객: 그렇네요. 그때처럼 누군가 진행 상황을 함께 나누고 옆에서 지지 해 줄 사람이 필요할 것 같네요.

코치: 좋아요. 당신이 아주 성공한 유명인이라면 어떻게 할까요?

05.
변화와 성장을 위한 실행

아무리 좋은 목표를 세우고 좋은 대안을 찾아내도 그것을 실제로 실행하지 않으면 변화나 가시적인 결과가 나올 수 없다. 그래서 코칭 대화의 마무리에서 실제로 실행할 수 있는 구체적인 행동 정리와 계획을 세워야 한다. 이렇게 해서 실행 계획이 잘 세워지면 그것을 중단하지 않고 지속할 수 있도록 함께 지지해 주고 격려해 주며 에너지를 제공해 줄 수 있는 사람이나 환경이 필요하다. 실행 책임이란 코치가 고객의 변화와 성장을 위해서 구체적인 실행 계획을 세우는 과정과 그것을 실제 영역에서 실행해 나가는 과정을 함께 책임져 주는 단계다. 코치는 실행 과정을 점검하고 지속적으로 유지되도록 함께 책임져 주는 사람이다. 목표가 달성될 때까지 에너지를 공급해 주고 동기를 부여하며 강력한 파트너가 되어 주는 과정을 코칭이라고 한다. 코칭에서는 단계마다 이루어지는 질문과 피드백이 중요하지만, 지속적으로 실행되기 위해서는 책임지고 점검하고 계속적으로 후속 조치를 하는 것도 아주 중요하다.

질문의 틀

- 좋은 대안은 많이 있는데, 이 중 가장 먼저 시도할 수 있는 것은 무엇인가요?
- 가장 효과적인 실행 방안은 무엇인가요?
- 언제부터 시작할 건가요?
- 주기적으로 몇 번씩 언제까지 하면 목표가 달성될까요?
- 누가 언제 어떻게 지지해 주면 잊지 않고 잘할 수 있을까요?
- 계획대로 진행되는 것을 어떻게 알 수 있나요?

코칭 대화

실행 책임을 위한 질문 사례 1

코치: 이 대안들 가운데 가장 먼저 시도할 수 있는 것은 무엇인가요?

고객: 동네 가까운 피트니스 센터에 가서 등록하는 거요.

코치: 언제 등록하실 건가요?

고객: 이번 주말부터요.

코치: 일주일에 몇 번 정도 하고, 그리고 언제까지 하면 변화가 일어나게 될까요?

고객: 주 2회 이상 3개월 정도 하면 변화가 일어날 것 같아요.

코치: 와우~, 멋지네요! 잊지 않고 지속할 수 있도록 누가 지지와 격려를 해 주면 좋을까요?

고객: 저를 지지해 줄 사람은… 자주 만나지는 않지만 자주 전화하고 함께 이 이야기를 나누고 있는 친구요.

코치: 좋은 친구가 있군요. 이렇게 실행 계획까지 잡아보면서 유익했던 것은 무엇인가요?

실행 책임을 위한 질문 사례 2

코치: 여러 가지 아이디어 중에 가장 효과적이고 쉬운 실행안은 무엇인
가요?

고객: 내가 말을 많이 하기보다는 경청을 해야 할 것 같아요.

코치; 경청이요! 실제로 어떤 식으로 경청하시겠어요?

고객: 말하고 싶어도 참고 먼저 상대의 이야기가 끝날 때까지 기다렸다
가 제 말을 하는 것이 좋겠어요.

코치: 좋은데요. 일주일에 몇 퍼센트 성공하면 만족하시겠어요?

고객: 첫 주는 한 40퍼센트까지 해 보고 한 달 내로 70퍼센트, 그리고 3
개월 후에는 90퍼센트까지 해보겠습니다.

코치: 와~, 대단하시네요. 이런 노력에 대해 누가 지지와 격려를 해 주면
더 잘할 수 있을까요?

고객: 가까이에서 늘 보고 있는 아내에게 제가 얼마나 잘하고 있는지 가
끔 물어보겠습니다.

코치: 오늘 대화를 통해 얻은 유익은 무엇인가요?

실행 책임을 위한 질문 사례 3

코치: 오늘 대화가 끝날 때 쯤 좋은 방법을 찾아서 실행 계획이 세워지고
10점 만점에 8점까지 가면 만족하시겠다고 했는데, 현재 만족도
는 몇 점인가요?

고객: 네. 두 가지 다 잘 되서 8점은 된 것 같아요.

코치: 아주 좋습니다. 3개월간 지속적으로 실천한다면 반드시 소통의 대
가가 되리라 확신합니다. 힘내세요!

Detail

Deep

Part **4**

질문의 방향:
변화와 성장의 핵심

．
．
．

우리가 질문의 의도와 목적에 따라
방향을 정하여 정확하게 사용한다면
사회를 살다가는 데 있어서
어마어마한 경쟁력을 가지게 될 것이다.

．
．
．

01.
소통의 혁신

소통의 혁신이 일어나고 있다

지난 몇 년간 4차 산업 혁명이 가져온 기술 진보와 생활 환경의 변화가 일의 속도를 급속도로 가속시키고 삶을 더욱 편리하고 다채롭게 변화시켰다. 기술 진보에 따른 삶의 변화는 개개인이나 가정, 기업 조직 등 모든 곳에서 동시에 일어나고 있다. 이렇듯 인간의 삶이 드라마틱하게 변해가는 흐름과 맥을 같이하여 사람 간의 소통 방법도 크게 변화되고 있다. 2000년대에 들어서면서 이러한 변화는 서서히 진행되어 왔지만, 지난 몇 년간 그 속도가 더욱 빨라져서 사람 간의 소통에 많은 문제가 드러나고 있다. 조직 내에서, 세대와 세대 사이에서 소통이 안 된다는 말이 급증하고 불통으로 인한 갈등과 불협화음이 여기저기서 쏟아져 나온다. 그런데 진짜 문제는 불통이 단순한 인간관계의 갈등으로 끝나는 것이 아니라 가정의 유지나 조직과 기업의 성장에 치명적인 해를 입히고 있다는 점이다. 이것 때문에 가정이 붕괴되고 조직의 존립이 위험해지며, 기업의 성장이 멈추게 된다.

　최근 기업 경영에서 창조 경영과 더불어 가장 큰 화두가 되고 있는 것이 바로 소통이다. 조직 내 소통은 단순한 의사소통을 넘어 조직과 개인의 다양한 벽을 허물며 서로 공감하고 협력함으로써 창의적 혁신을 이끌어 내는 중요한 매개체이기 때문에 더욱 중요하다. 소통의 사전적 의미는 '어떠한 것이 막히지 않고 잘 통한다'이다. 사람의 생각이나 아이디어를 잘 주고받는다는 뜻이기도 하다. 그런데 소통의 방법 중에서도 상대방의 감정을 이해하고 경청하면서 공감하는 '정서적 소통'이 잘될수록 업무적 소통과 창의적 소통이 원활하게 이루어진다고 한다. 이는 직원들의 정서를 이해하고 이에 반응하면서 개인적인 생각을 수용하는 조직 관리가 일상적인 업무 수행은 물론이고 창의적인 혁신 활동에도 긍정적인 영향을 끼친다는 의미로 해석할 수 있다.

　최근 몇 년간 대기업들을 중심으로 대대적으로 진행되고 있는 수평적 조직 문화 혁신도 같은 맥락으로 볼 수 있다. 대기업들이 빠른 기술 진보와 고객의 요구 등에 맞추기 위해 수평적 조직 문화의 혁신을 대대적으로 추진하는 이유도 바로 이 때문이다. 소통이 위아래 없이 수평적으로, 또 양방향으로 신속 정확하게 이루어져야만 조직과 기업의 성장이 가능하다고 보는 것이다. 일례로 많은 기업들이 직함을 없애거나 임원의 자리를 일반 직원의 자리로 옮겨서 상하 간에 벽을 제거한 후 신속하고 자유로운 양방향 소통이 가능하게 바꾸고 있다. 이러한 움직임은 점점 산업계 전역으로 확산되고 있는데, 이미 한국 사회에서 소통 방법의 혁신은 선택이 아닌 필수라고 할 수 있다.

수평적 소통의 유익

수평적 소통이 필요하다고 하는데, 그렇다면 소통에는 어떤 방법이 있고 어떻게 바꿔야 하는가? 우리가 하는 의사소통에는 방향면에서 3가지가 있다. 먼저 위에서 아래로 향하는 하향적 의사소통이 있다. 이것은 상사가 부하에게 지시, 명령, 조언, 지도 등을 하는것이다. 이런 소통은 이미 정해져 있거나 급한 일을 신속하게 처리하는 데 유용하다. 하지만 아래의 의견이 위로 올라가기 힘들고 자유로운 의사 개진이 힘들다는 단점이 있다. 이런 소통 방식이 주를이루는 조직에서는 신속한 정보 교환과 자유로운 의견 수렴, 아랫사람의 창의적인 의견이 위로 올라가기 힘들기 때문에 변화와 혁신에 어려움을 겪게 된다.

두 번째로 밑에서 위로 올라가는 상향적 의사소통이 있다. 이것은 부하가 상사나 고객에게 보고, 품의, 제안, 건의 등을 하는 것이다. 이 방식도 아래서 위로 일방적으로 하는 소통이라 자유로운 의사 개진을 하거나 양방향 의사소통이 어렵다는 단점이 있다.

반면 현재 국내외 여러 조직에서 대대적으로 추진되고 있는 수평적 의사소통은 협의, 협조, 조정, 자유로운 대화가 가능하기 때문에 많은 유익이 있다. 특히 회의나 새로운 아이디어 창출을 위한 소통이라면 압박이나 비난 받을 염려가 없다. 그래서 지위나 나이, 경력, 전문 분야에 상관없이 자유롭게 의견을 주고받을 수 있는 수평적 소통이 필수적이다.

의사소통의 방향

하향적 의사소통	상향적 의사소통	수평적 의사소통
상사 ↓ 부하	상사 ↑ 부하	상사 ⬅➡ 부하
지시, 명령, 지도	보고, 제안, 건의	협의, 협조, 조정, 대화

의사소통의 방향

요즘 조직의 리더들은 젊은 직원들의 작은 아이디어 하나하나가 기업의 미래를 성장시킬 주요 제품이 될 수 있다는 것을 인지하고 있다. 그래서 아무리 미숙한 직원의 의견일지라도 수시로 자유롭게 표현하고 도전할 수 있는 업무 환경을 조성하기 위해 수평적 소통 문화 혁신을 추진하고 있다. 이러한 수평적 소통은 대화의 벽을 허물고 위아래 없이 신속하게 소통함으로써 기업의 경쟁력을 끌어올리는 데 큰 역할을 한다. 무엇보다 구성원 개개인 간의 불신과 갈등을 해결해 주는 면에서도 그 유익이 적지 않다.

삼성경제연구소의 「한국 사회갈등과 경제적 비용」 보고서에 의하면 한국의 사회갈등지수는 OECD 29개국 중 2015년 기준으로 4위로 매우 높은 반면, 사회갈등관리지수는 27위로 바닥 수준이었다. 우리나라의 사회갈등지수는 해가 갈수록 악화되어 OECD 회원국 평균과의 격차도 더욱 커졌다. 반면에 사회적 갈등 수준이 OECD 평균 수준으로 개선된다면 실질 GDP는 0.2퍼센트 올라가고, G7 평균 수준으로 오르면 실질 GDP는 0.3퍼센트 올라갈 것이라는 현대경제연구원의 보고서도 있다. 한국은 어느 나라보다 급속도로 민주주의와 자유 경제 체제를 정착시켰지만, 그 과정에서 국민 전체의 갈등이 축적되어 온 것도 사실이다. 이처럼 한국 사회의 갈등지수가 높아서 발생되는 비용이 연간 82조 원에서 246조 원이나 된다고 한다. 이것만 단적으로 보더라도 우리가 개인, 조직, 단체 간의 갈등을 어떻게 관리하느냐에 따라 국가의 성숙도나 국민의 행복지수가 좌우된다는 것을 알 수 있다.

이는 나와 주변 사람과의 소통과 갈등의 단면을 보여 주는 것이라고 할 수 있다. 우리가 거창하게 국가의 성숙도나 국민의 행복지수까지 걱정하지 않는다 해도 내가 누군가의 도움을 얻어야 성장하고 삶의 목적을 이룰 수 있다는 측면에서도 당장 인간관계에서 발생되는 갈등을 해결하는 것은 시급하다. 우리 삶의 중요한 국면마다, 또 의사결정 시기마다 겪는 갈등에서 발생되는 부정적인 에너지를 피하고 비용 손실을 막기 위해서라도 사람들과의 소통 방법을 획기적으로 바꾸지 않으면 안 된다. 전쟁에 나가는 군사들이 오랜 기간 훈련하고 최고의 방탄복과 무기를 완비하듯 우리도 사회에 나갈 때 소통 능력이라는 도구를 완비해야만 한다.

세계적으로 신기술들이 산업과 시대를 획기적으로 바꿔 나가듯 질문, 경청, 피드백이라는 코칭 대화 스킬이 근래 전 세계적으로 인간관계와 소통을 획기적으로 바꾸어 나가고 있다. 코칭 대화에서는 위에서 살펴본 하향적 의사소통이나 상향적 의사소통이라는 개념이 없고 모든 대화가 수평적 의사소통으로 이루어진다. 수평적 의사소통은 코칭의 철학인 '모든 사람은 자기 안에 답을 가지고 있다'는 믿음으로 상대를 존중하고 신뢰하는 태도를 전제한다.

질문의 방향이 바뀌었다

우리는 삶에서 무언가 필요한 정보를 얻고자 할 때 질문을 자주 사용한다. 살아가면서 하게 되는 질문의 대부분이 이에 해당될 것이다. 그러나 이런 질문은 나의 필요를 채우기 위해 하는 것이지, 상대를 위한 것은 아니다. 예를 들면 다음과 같다.

- 그것은 무엇인가요?
- 어디 사세요?
- 얼마예요?
- 도서관은 어디로 가나요?

한편 나의 이야기나 마음을 상대가 이해하고 있는지 확인하려고 하는 질문도 있다. 이것도 나의 필요를 채우기 위한 것이지, 상대에게 유익을 주는 질문이 아니다. 즉 자기 중심의 질문인 것이다.

- 제 이야기가 이해되세요?
- 잘 알겠어요?
- 잘 들려요?
- 잘 모르겠어요?

또 우리는 무언가 잘못되었을 때, 질책이나 비난을 해야 할 때, 돌려서 전달할 때도 질문을 사용한다.

- 그걸 일이라고 했나?
- 왜 그것밖에 못하나?
- 누구 잘못이지?
- 좋은 말로 할 때 빨리하지?

이런 질문들은 우리가 평소 자주 듣고 또 사용해 온 것들이다. 이것들은 주로 질문하는 사람의 욕구와 필요를 해결하기 위한 자기중심적인 목표를 가지고 있어서 다른 사람에게 별로 유익을 주지 못한다. 아니 유익은커녕 오히려 핑계를 대게 하거나 도망가고 싶은 부정적인 마음을 가지게 한다. 질문은 원래 이런 목적을 이루기 위해 존재하는 것이 아니다. 질문에는 더 넓고 깊은, 그리고 강력한 역할과 목적이 있다. 지금은 질문의 방향이 바뀌었다. 좋은 질문은 질문을 받는 사람들에게 다음과 같은 긍정적인 결과를 가져다 준다.

10가지 질문의 힘

- 마음을 열게 한다.
- 아이디어를 떠오르게 한다.
- 잠재력을 일깨워 준다.
- 동기와 열정을 극대화한다.
- 직관력과 통찰력을 올려 준다.
- 솔루션을 보게 한다.
- 가치를 확장한다.
- 희망을 준다.
- 행동하게 한다.
- 변화와 성장을 가능하게 한다.

코칭에서 사용하는 질문은 그 의도와 목적에 따라 상대에게 다양하고 강력한 결과를 가져다 준다. 자기가 알고 싶은 정보를 얻기 위해서나 질책이나 비난의 의미를 포함한 자기 중심적인 목적을 가지고 하는 질문이 아니다. 그것은 다른 사람이 자신의 목적과 비전을 이루고 존재 가치를 실현하도록 사용할 때 의미가 있는 것이다. 우리가 질문의 의도와 목적에 따라 방향을 정하여 정확하게 사용한다면 사회를 살아가는 데 있어서 어마어마한 경쟁력을 가지게 될 것이다.

4가지 질문의 방향

질문은 인류가 살아오면서 소통 수단으로 늘 사용해 왔는데, 새로운 것이 뭐 있겠는가 하는 생각이 들 수도 있다. 그런데 코칭에서 사용하는 질문의 다양한 역할과 힘을 알게 된다면 우리가 익히 알던 질문과는 방향이 확연히 다르다는 것을 알 수 있다. 질문의 방법과 목적이 너무도 많아서 질문 하나하나의 방법과 뜻을 제대로 이해하려면 끝이 없다. 그 많은 질문을 다양한 상황에서 어떻게 사용하면 좋을지 방법과 목적 하나하나를 이해하는 것만 힘든 것이 아니라 일상에서 내가 필요할 때 적시에 효과적으로 사용하는 것도 쉬운 일이 아니다.

필자는 지난 20여 년간 세계 최고의 코치들로부터 질문의 사용법을 배우고 그것을 한국 상황에 맞게 적용하면서 정교하게 다듬었다. 그리고 그것을 누구나 쉽고 편리하게 사용할 수 있도록 간단한 틀과 패턴으로 정리했다. 그래서 효과적이고 강력한 질문들을 상황과 목적에 맞게 사용할 수 있도록 시스템화한 '틀'을 구성했다. 또 그 틀을 더욱 강화하고 확장하여 효과를 배가시킬 수 있는 '방향'으로 재구성했다.

이 질문들은 코치와 리더들이 가장 많이 사용하는 질문들을 이해하기 쉽게 재구성한 것인데, 대화 능력, 문제 해결 능력, 의사결정 능력, 실천력을 획기적으로 올려 줄 것이다. 하지만 이전과는 다른 패러다임의 대화 기법이기 때문에 자연스럽게 일과 삶에서 사용하기 위해서는 반복적인 적용과 실습이 필요하다. 하지만 프로세스를 따라 의도적으로 몇 번 사용하다 보면 곧 익숙해지고 과거와 확연히 다른 대화의 깊이를 느낄 수 있을 것이다.

우리가 앞에서 본 간단한 '질문의 틀'만 가지고도 대화의 질적 수준이 확연히 달라지지만, 좀 더 자주 사용하다 보면 이것만 가지고는 대화하기에 뭔가 부족하다는 생각이 들게 된다. 상대의 필요나 요구가 까다롭고 감당하는 역할이나 사안의 중요도에 따라 더 효과적이고 강력한 질문과 더 지혜롭고 통찰력 있는 피드백의 필요성을 느끼게 된다. 질문의 틀은 생선의 뼈와 같고 건축물의 기둥과 같다. 생선의 살과 건축물의 인테리어가 있어야 알찬 내용물이 되듯 질문의 틀에도 해결을 향한 추진력을 더해 주는 추가적인 질문들이 필요하다.

이제부터 경험하게 될 질문들은 쉽게 활용할 수 있도록 몇 가지 방향으로 정리되어 있다. 질문의 방향은 올리는 쪽, 넓히는 쪽, 깊이 파고드는 쪽, 작게 자르는 쪽으로 향하는 4가지다. 이 질문의 방향들은 인간 삶의 다양한 국면에서 한계를 극복하게 하고 시야를 넓혀 준다. 또한 문제의 본질이나 마음속을 깊이 들여다보게 하면서 원인과 해결 방법을 찾을 수 있게 도와준다. 그래서 높게, 넓게, 깊게, 작게 하는 질문의 4가지 방향을 이해하고 상황에 따라 시의적절하게 사용한다면 사회에서 요구하는 수평적 소통의 능력자가 될 수 있을 것이다.

4가지 방향의 질문은 각각 의도된 목적과 역할 그리고 효과가 있다. 어떤 질문은 다양한 솔루션을 도출하게 해 주고, 또 다른 질문은 혼란하게 산재되어 있어서 사용할 수 없었던 자원들을 정리하고 중요한 것과 중요하지 않은 것을 명료하게 분별하도록 해 준다. 또한 이 질문들은 삶에서 혼미하고 어려웠던 것들을 단순명료하게 정리해 주고 어디에 에너지를 집중해야 할지 효과적인 전략을 갖게 해 준다. 그리고 의식과 무의식을 깊이 들여다보는 질문들을 통해 순식간에 깨달음과 통찰을 갖게 하고 발목 잡혔던 장애에서 벗어나 열정과 희망을 향해 도약할 수 있는 에너지를 갖게 해 줄 것이다.

존재 가치를 찾는다는 것

　사람의 진정한 행동 변화는 외부로부터 들어온 정보나 지식의 습득으로 인해 일어나는 것이 아니다. 진정한 변화는 보이지 않는 내면의 변화로부터 시작된다. 어떤 도전이 올 때 이것을 할 것인가, 말 것인가를 결정하게 하는 것은 나의 내면의 가치와 신념 그리고 인생의 목적이 무엇이냐에 달려 있다. '이 도전이 나의 가치를 올려 주는가?' '이것을 극복하는 것이 나의 목적에 도움이 되는가?' 바로 이런 요인이 사람들로 하여금 도전을 받아들일 것인지, 피할 것인지를 결정하게 만든다. 꿈이 크면 큰 도전도 거뜬히 받아들이고 꿈이 작으면 작은 도전도 힘들고 버겁게 느껴진다. 그래서 우리가 사람들에게 영향을 끼치고 마음을 움직이고자 한다면 개개인의 삶의 목적과 존재 가치를 아는 것이 중요하다. 그러므로 개개인의 독특한 존재 가치를 찾고 스스로 명확하게 인식할 수 있도록 질문해 주는 것은 코치뿐만 아니라 리더, 교사, 부모 모두가 해야 할 중요한 일이다.

　그런데 사람의 목적과 가치는 어떻게 형성될까? 그것은 내가 알고 있는 나의 능력, 경험, 신념 등에 영향을 받는다. 대개 사람들은 자신에 대해 어느 정도 착각하면서 산다. 출신 학교, 가족, 지인, 자격증, 기술, 노하우 등이 나 자신이라고 생각한다. 하지만 이런 요소들이 진정한 자신의 존재 가치라고 할 수는 없다. 그럼에도 불구하고 사람들은 이러한 외적인 상태를 나라고 착각하면서 사람들

앞에서 그것을 내세우고, 사람들도 그것을 기준으로 상대의 가치를 매기는 것이 현실이다. 이것은 진정한 자신의 가치 중 아주 작은 일부분일 뿐인데 말이다. 아직도 많은 사람들은 진정한 자기 자신을 발견하지 못했고, 또 발견했다 해도 그것을 일과 삶에서 충분하게 발현하지 못하고 살고 있을 수 있다.

외적 상태, 즉 출신 학교나 가족 상황 등 사람들이 알고 있는 부분 이외에 나는 알지만 다른 사람들이 모르는 영역이 있다. 이것은 나만이 알고 있는 비밀에 속하는데, 사람들에게 말하지 않은 나만의 비밀도 자신의 목적과 가치에 영향을 미치는 중요한 요소다. 다른 사람들에게 말하지 않은 고민, 실수, 사건 사고, 숨기고 싶은 많은 것 등은 무의식중에 언어와 행동에 반영된다. 그래서 본인은 다른 사람들에게 말한 적 없다 해도 다른 사람들은 명확하지는 않지만 뭔가 내면에 숨겨진 것이 있다는 느낌을 받게 된다. 투명하지 않고 일치되지 않는 언행을 경험하게 되는 것은 이렇게 사람들이 자신만 알고 있는 경험, 신념, 가치, 숨겨진 목적들 때문이다. 남이 알고 있는 나와 남이 모르는 나의 영역이 나와 타인에게 보이는 현재 나의 모습인 것이다.

그러나 진짜 중요한 것은 아직 남도 모르고 나도 모르는 미지의 나의 모습이다. 내가 모르는 나의 모습은 수면 밑에 있어서 밖으로 표출되지는 않지만 확실하게 내재되어 있는 빙산과 같다. 이것은 내가 가지고 있지만 아직 모르는 숨겨진 잠재력이며, 아직 아무도 캐지 않은 금광과 같다. 그 금광을 캐 봐야 비로소 우리는 자신의

내가 모르는 영역

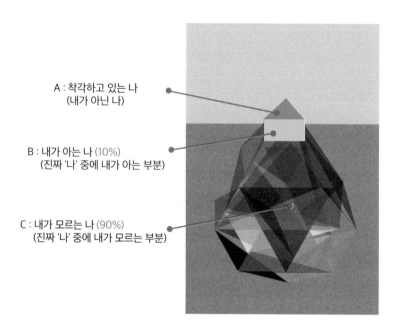

A : 착각하고 있는 나
(내가 아닌 나)

B : 내가 아는 나 (10%)
(진짜 '나' 중에 내가 아는 부분)

C : 내가 모르는 나 (90%)
(진짜 '나' 중에 내가 모르는 부분)

진정한 존재 가치를 알 수 있다. 예를 들면, 가치를 나타내는 단어로 인내, 추진, 용기, 배려, 포용, 사랑, 솔선수범, 충성, 신뢰, 성장, 탐구심, 모험, 유머 등을 들 수 있다. 여기에는 강점이나 인성으로 볼 수 있는 어휘도 포함되어 있는 등 다양한 단어나 상황으로 묘사될 수 있다. 어떤 사람은 용기를 가치 있게 여겨서 과감하게 위험에 뛰어들고 목숨을 걸기도 한다. 또 인내와 겸손을 가치 있게 여기는 사람은 다른 사람들이 부당한 평가를 하고 비난을 해도 인내하며 겸손하게 자신의 할 일을 묵묵히 해나가기도 한다. 탐구심을 가치 있게 생각하는 사람은 급료가 작아도 탐구할 수 있는 기회가 주어진다면 그 직업에 만족하고 즐겁게 해나갈 수 있다. 그렇게 자신의 가치대로 사는 사람들은 어지간한 외부 충격에도 흔들리지 않고 안정감을 유지한다.

우리 안에 있는 이러한 가치는 광산 속에 잠재된 금광과 같아서 자기 스스로는 찾기 힘들다. 누군가가 옆에서 관찰하고 보이지 않는 내면에서 은은하게 빛나고 있는 보석을 찾아 주어야만 한다. 부모가 자녀를, 선배가 후배를, 교사가 학생을, 상사가 부하를 위해 찾아 줄 때 그 사람의 존재 가치는 제대로 빛을 발하게 된다.

존재 가치를 찾아 주는 코치의 질문

우리는 자신이 이 땅에 태어난 이유와 진짜 가치, 즉 존재 가치를 찾지 못하면 외롭고 불안해진다. 내가 누군지 알지 못하기 때문에 외롭고, 누군가 나를 알아 주지 않으면 가치가 없는 것 같아서 불안하다. 외로움과 불안은 인간에게 피할 수 없는 숙명이라고 말하는 사람도 있다. 외로움은 어릴 때부터 성장하고 늙어가는 과정마다 모양은 다르지만 평생 따라다니기 때문이다. 사람들은 외로움과 불안을 피하기 위해 좋아하는 사람을 만나거나 음식, 취미, 일, 성공, 도박, 술, 담배 등에 집착한다. 그것에 집중하는 동안에는 외로움을 잊을 수 있기 때문이다. 그러나 사람의 마음도 변하고 물질도 없어진다. 음식, 취미, 일 등은 하나를 충족시키고 나면 잠시는 만족과 행복감을 느낄 수 있으나, 그 시간은 너무도 짧아서 같은 행동을 끝없이 반복해야만 한다. 무엇을 하더라도 그것으로부터 얻을 수 있는 만족감은 잠시뿐이며, 시간이 지나면 우리의 마음은 다시 원래 자리하고 있던 외로움과 불안으로 가득 차게 된다. 이 원초적인 외로움과 불안을 어떻게 해결할 수 있을까? 그것은 자기 자신의 진정한 가치를 찾고 그것을 실현하며 사는 것이다. 자기가 누구인지 알고 다른 사람이 누군지 알게 된다면 외로움과 불안이 사라지고 자신감이 생기게 된다.

인간이 세상에 태어나서 자신의 존재 가치를 알게 해 주는 첫 상대는 부모다. 부모가 여러 가지 사정으로 인해 아이의 존재 가치를 충분히 찾아 주지 못했다면 그 다음으로 만날 수 있는 사람은 교사다. 그러나 교사로부터도 찾지 못했다면 사회에 나가서 찾아야 한다. 이제 사회에서 나의 가치를 찾아 줄 수 있는 사람은 바로 상사다. 그런데 나의 삶에 공식적으로 배정된 사람인 상사로부터도 그러한 도움을 얻지 못한다면 어떻게 될까?

어릴 때부터 평생에 걸쳐 중요한 사람들과 함께 상호 작용을 하면서 나의 진정한 가치를 찾도록 도와주는 멘토나 코치를 만나지 못한다는 것은 참으로 슬픈 일이다. 실제로 인구의 몇 퍼센트나 성장하면서 진정으로 순수한 나의 모습을 찾아 주고 잠재력을 일깨워 주는 사람을 만날 수 있을까? 수많은 사람들이 자신의 살아온 날들을 후회하는 것을 보면 진정한 멘토나 코치를 만나는 사람은 많지 않은 것 같다.

우리 사회의 갈등지수를 낮추고 국민의 삶의 질 향상을 위해서 모든 사람에게 멘토와 코치가 필요하다. 코칭의 질문과 프로세스는 누구든지 다른 사람을 돕는 멘토와 코치가 되도록 도와준다. 질문은 사람들이 금광을 캐는 데 사용하는 곡괭이와 같다. 질문은 내가 이 땅에 태어난 이유와 존재 가치를 깨닫게 해 준다. 또한 사람들이 잘 몰라서 사용하지 못했던 잠재력을 일깨워 주고, 미래의 꿈을 향해 한 번도 시도한 적 없는 모험을 하게 만들고 꿈을 실현하면서 살도록 도와준다. 그래서 누구든지 코칭 마인드를 갖고 질문 사용법을 익힌다면 다른 사람의 삶에 유익을 주고 조직과 사회의 행복지수를 높이는 데 기여할 수 있을 것이다.

인간관계의 5단계

지금의 시대에는 사람과 삶을 연결하고 다른 사람의 협력을 얻어내야 자신의 가치와 목표를 효과적으로 이룰 수 있다. 사람들은 좋은 사람을 많이 알고 친하게 지내는 것이 든든한 토대가 된다고 하는데, 사람들과 효과적으로 관계를 맺고 협력을 얻어내는 가장 좋은 방법은 과연 무엇일까? 이제부터 인간관계가 형성되는 프로세스를 살펴보자.

인간관계는 우선 아는 단계부터 시작된다. 사람을 우연히 만나든 누군가의 소개로 만나든 얼굴을 보고 이름을 알게 되는 단계부터 인간관계가 시작된다. 그러나 누군가를 아는 정도만으로는 나의 성장에 별 도움이 안 된다. 실제 도움이 되기 위해서는 좀 더 가까워져서 서로를 이해하는 단계까지 진전될 필요가 있다. 무엇을 하는지, 무엇을 선호하는지, 무엇을 원하는지 이해하는 단계다. 이 단계는 그냥 단순히 얼굴을 보고 아는 것보다 더 진전된 단계이지만, 이것만으로는 친하다고 볼 순 없다.

친해지려면 서로에 대해 이해할 뿐만 아니라 좋아하는 마음도 있어야 한다. 좋아하는 단계라는 것은 내가 뭔가 도움을 요청하면 들어줄 정도의 헌신을 할 수 있는 사이다. 이 단계는 조금만 정성을 들이면 쉽게 만들 수 있다. 자주 만나서 자연스럽게 친밀한 마음을 갖게 하거나 의도적으로 친절이나 선의를 베푸는 행동을 통해서 상대가 나를 좋아하게 만들 수 있다. 그런데 이 관계는 쉽게 만들어지는 만큼 쉽게 변하기도 한다. 사람은 자신의 유익을 우선적으로 고려하고 상황을 변화시켜 가면서 사람에 대한 태도도 바꾸기 때문이다. 특히 남녀 간의 사랑은 개인의 선호하는 이미지나 성격에 끌려서 좋아하게 되는 것일 뿐, 진정한 사랑이 아닌 경우가 많다. 진정한 사랑이 아닐 경우 둘 사이에 조그만 사건이나 변동이 생겨도 태도가 쉽게 변하는 것을 통해 알 수 있다. 또 남녀 간에 잦은 의견 대립이나 갈등의 발생, 헤어짐을 통해서도 알 수 있다. 단순하게 겉모습이나 조건 등을 기준으로 좋아하는 관계는 어느 한쪽의 기분이 변할 때나 선호가 바뀔 때 금방 변질된다. 그래서 이 관계에서는 둘 사이에 평화와 안정감이 지속되기 힘들고 신뢰나 존중감도 지속되기 어렵다.

우리의 인간관계가 기쁨, 의미와 가치, 행복감을 느끼기 위해서는 존경하는 단계로까지 발전될 필요가 있다. 이것은 그냥 우연히 누군가를 좋아하게 되는 그런 가벼운 관계가 아니다. 우리는 보통 나의 가치와 유사한 가치를 가진 사람, 나의 꿈과 비슷한 인생을 살아가는 사람, 인류와 사회에 순수하게 기여하는 사람을 존경한다. 존경심은 관심과 좋아하는 마음보다 더 깊고 중립적이다. 어떤 사람은 이미 이 세상에 없는 과거의 인물을 존경하기도 하고, 현재 생존하고 있는 사람을 존경하기도 한다. 정말 운이 좋은 사람은 부모와 상사 등 가까이에 존경하는 대상이 있는 경우다. 존경하는 사람이 가까이에 있다면 그들과 늘 소통하면서 신뢰를 쌓고 지혜를 배움으로써 자신의 탁월성을 보다 효과적으로 개발할 수 있다. 이는

인간관계의 발전 단계

어떻게 살아갈지를 보고 배울 수 있는 롤 모델이 가까이에 있다는 것이고, 인생에서의 든든한 지지자가 있다는 의미다.

마지막으로 가장 깊고 고귀한 인간관계는 순수하게 사랑하는 관계다. 이것은 남녀 간의 조건적인 사랑이 아니라 사람의 있는 그대로를 받아들이고 인정하고 존중하는 순수한 사랑이다. 즉 진정한 사랑이란 존경하는 단계를 넘어서서 인간 자체를 아무런 편견 없이 있는 그대로 수용하고 소중히 하는 것이다.

부모와 자녀 간에는 조건 없는 순수한 사랑이 흐른다. 또한 서로의 행복과 성장을 위해 계산 없이 헌신하고 봉사한다. 작은 갈등과 걱정이 존재하기는 하지만, 그것은 모두 서로의 성장과 행복을 위한 것이기 때문에 오히려 사랑을 강화시킨다. 이렇게 사랑하는 관계는 서로 사랑하는 방법이 다르고 표현이 다르다 해도 결국은 순수한 사랑이 전제되어 있기 때문에 어떠한 갈등이나 어려움도 극복하고 아끼고 소중히 여긴다.

신에 대한 사랑도 조건 없는 순수한 사랑이다. 인간 그 누구에게서도 그렇게 순수하고 무조건적인 사랑을 느낄 수 없다고 생각하는 사람들은 신과의 영적인 교류를 통해 진정한 사랑을 경험할 수 있다. 진정한 사랑을 받아 본 적 없고 해 본 적도 없는 사람이라면 영적인 차원의 신의 사랑이 어떤 것인지 느껴 보고 경험해 보는 것도 도움이 될 것이다.

인간관계라는 스트레스

시장 조사 전문 기업인 엠브레인 트렌드모니터trendmonitor.co.kr는 「2018 인간관계 및 대인 관계 관련 인식 조사」라는 흥미로운 연구를 진행했다. SNS 사용 경험이 있는 전국의 만 19~59세 성인 남녀 천 명을 대상으로 인간관계와 관련한 전반적인 인식을 평가해 본 것이다. 그 결과, 힘이 들 때 믿고 의지할 수 있는 대상으로는 주로 동성 친구52.4%, 중복 응답와 어머니48.1%를 많이 꼽았다. 평소 많은 것들을 공유하는 친한 친구나 그 존재만으로도 힘이 되는 어머니에게 의지하고 위로를 받는 사람들이 많다는 것이다. 또한 형제자매40.8%와 배우자39.6%를 믿고 의지할 수 있다고 말하는 사람들도 상당히 많았다. 그에 비해 아버지28.9%를 의지할 수 있는 대상으로 꼽은 경우는 상대적으로 적은 편이었다. 반면 일상생활에서 스트레스를 가장 많이 주는 대상으로는 직장 동료40%, 중복응답가 첫손에 꼽혔다. 하루 중 가장 많은 시간을 보내는 일터에서의 스트레스가 그만큼 크다는 의미이며, 특히 30대50%와 40대47.2%가 직장생활에서 스트레스를 많이 받고 있었다. 그 다음으로는 일상생활에서 만나는 불특정 다수의 타인22.3%도 스트레스를 많이 주는 대상으로 꼽혔는데, 다른 연령층에 비해 20대31.2%의 스트레스 수준이 월등히 높다는 것을 확인할 수 있다. 그밖에 배우자15.1%와 어머니11.2%, 아버지9.3%에게 스트레스를 많이 받는다는 응답이 뒤를 이었다. 상대적으로 50대는 배우자29.2%에게, 20대는 부모님어머니

14.8%, 아버지 16.8%에게 스트레스를 많이 받는 특징을 보이기도 했다. 한편 평소 인간관계로 인한 스트레스가 별로 없다고 말하는 응답자는 10명 중 2명19.7%에 그쳐서 대부분의 사람들이 인간관계에 의한 스트레스를 많이 받고 있음을 알 수 있었다.

즉 사람들의 80퍼센트는 가족이나 사회의 인간관계에서 스트레스를 많이 느끼고 있었다. 성인이 되면 가정에서 소통하는 시간의 몇 배를 일터에서 소통하면서 인간관계를 맺고 살아가야 되는데, 특히 일터에서 동료와의 스트레스가 가장 크다는 것은 참으로 불행한 일이다. 인간관계가 스트레스를 느끼게 하는 대상이 아니라 기대와 즐거움의 원천이라면 얼마나 행복할까?

우리에게 희망을 주는 것은 이러한 현실에도 불구하고 우리 개개인의 노력에 의해 상황이 언제든지 변화될 수 있다는 것이다. 성공적인 직장생활과 나 자신의 행복을 위해서 이제부터 인간관계의 수준을 그냥 알고 이해하는 단계에서 좋아하는 사람으로, 더 나아가 존경하는 사람으로 발전시켜 나갈 필요가 있다. 우리가 더 많은 사람들과 순수한 사랑을 나눈다면 우리의 인생은 그만큼 더 행복하고 만족스러워질 것이다. 코칭의 질문, 경청, 피드백은 우리에게 맞는 중요한 사람과 연결시켜 주고 그들과 신뢰와 존중을 쌓도록 해 주며, 진정으로 사랑하고 소중히 하는 관계로 발전시켜 줄 것이다.

조직의 성과를 극대화하는 존재 가치

빅데이터 시대에는 데이터를 먼저 선점하고 해석하여 그 속에서 필요한 자원을 신속·정확하게 통합하는 능력을 가진 사람이 성공한다. 특히 앞으로는 STEMScience, Technology, Engineering, Mathematics 의 전문성을 가지고 이것을 다른 영역과 연결하고 융합하여 문제를 해결해 내는 리더가 더 큰 영향력을 갖게 될 것이다. 즉 단순히 지식만 전달하는 사람이 아니라 지식과 정보, 기술 등을 서로 융합하고 다른 유용한 자원과 연결하여 새로운 생산성을 만들어 내는 '울트라 인재와 리더'를 필요로 한다는 의미다.

코칭은 지금과 같은 디지털 전환digital transformation 시대가 요구하는 울트라 인재, 울트라 리더를 만들어 준다. 조직에서 리더가 해야 할 중요한 일은 많지만, 그 중에서도 빼놓을 수 없는 우선순위가 조직에서 함께 일하는 구성원 한 사람 한 사람의 일에 대한 동기를 극대화하여 조직과 기업의 목표를 효과적으로 이루는 것이다. '인사가 만사'라는 말처럼 결국은 리더가 해야 할 가장 중요한 일은 구성원들의 특성과 강점에 맞게 업무 배치를 하고 그들의 능력을 최대한 살려서 성과에 연결되도록 하는 것이다. 그것이 곧 조직의 성과를 만들어 내고 기업의 성장을 이루어 내는 근본이다.

직원의 동기를 극대화하는 것이 가장 중요하고 시급한 일이라고 하는데, 어떻게 하는 것이 가장 효과적일까? 이것은 구성원 개개인의 존재 가치를 살려 주고 그들의 꿈과 비전을 조직 내에서 실현하도록 돕는 것이다. 구성원들의 동기를 높여 주는 요인으로는 급료도 있고 근무 환경이나 처우, 함께 근무하는 사람들과의 관계도 있다. 하지만 그런 요인들이 만족스러운 수준이 아니라 할지라도 자신의 상사가 자신의 가치를 알아 주고 그것을 실현하도록 진정성을 가지고 돕는다면 다른 요인들의 순위는 그다지 중요하지 않게 여겨질 수 있다. 사람들은 어떤 일을 할 것인지 말 것인지 결정할 때 자신의 가치에 기준하여 의사 결정을 한다. 그래서 나를 알아 주는 사람에게 마음을 열고 그를 위해 어려운 수고도 기꺼이 감당할 수 있게 된다. 또한 상사와 직원 간에 이러한 신뢰가 쌓인다면 보통 직원이 울트라 인재로 변화될 수 있다.

이처럼 조직의 리더는 회사를 위해서나 직원을 위해서나 또한 자신을 위해서도 직원들의 존재 가치를 찾아 주고 그것을 조직의 목표와 일치시켜 조직 안에서 꿈과 목표를 성취하도록 도울 책임이 있다. 이것이 바로 직원들이 자기 주도적으로 업무에 즐겁게 몰입하도록 만드는 비결이기도 하다. 구성원들의 일에 대한 동기를 불러일으킬 때 그들의 가치를 알아야 하는 이유가 바로 이 때문이다. 모든 직원들은 자신의 상사가 좋은 코치가 되어 주기를 기대한다. 자신의 상사가 업무 속에서 자신의 숨겨진 가치를 발견해 주고 그것을 꽃피울 수 있도록 도와주기를 절실히 원하는 것이다.

02.
좋아서 일하게 만드는 조이 사이클

　대부분 사람들은 '내 마음은 내가 제일 잘 안다'고 생각한다. 하지만 유감스럽게도 내가 내 마음을 잘 알고 있다는 생각은 착각이다. 나의 재능과 능력을 더 개발하기 위해서는 먼저 내가 나를 제일 잘 안다는 착각에서 벗어나는 것부터 시작해야 한다. 미지의 나, 어디서부터인가 놓쳐 버리고 잃어 버린 '나self'를 찾는 것은 마치 구름에 가려져 있던 해가 나타나듯 보이지 않던 본연의 나를 드러나게 해서 찬란하게 빛을 발하게 하는 것이다.

　우리가 현재 나라고 생각하는 존재는 경험과 기억으로 만들어진 나다. 많은 심리학자들이 진짜 내가 아닌 왜곡된 나에 대해서 연구하고 밝혀 온 것처럼 우리는 경험과 습관, 기억, 다른 사람들의 평가가 모여서 형성된 표상적인 '나ego'를 진짜 나로 착각하면서 갈등과 혼란 속에서 살고 있다. 우리의 진짜 존재는 자신이 경험하고 기억하는 그 '나'가 아니다. 심리학자 매슬로Abraham Maslow는 진짜 나를 찾는 것을 '자아실현'이라고 했으며, 에릭 에릭슨Erick Erickson

은 다시 태어나는 '제2의 탄생'이라고 했다. 그리고 융은 참다운 개성을 가진 존재가 된다는 의미로 '개성화'라고 표현했다. 예를 들면, 헤르만 헤세가 『데미안』에서 개인의 성장을 '알에서 깨어나는 것'이라고 한 것도 진정한 자신의 존재가 되는 것을 말한다. 이처럼 잃어버린 자기를 되찾는 것은 나라는 존재의 진짜 주인이 되는 것이다. 하지만 진짜 나는 쉽게 드러나지 않는다. 나의 진짜 가치는 여간해서는 잘 드러나지 않으며, 어쩌면 평생 찾지 못할 수도 있다.

자신의 존재 가치를 모르고 사는 사람에게는 진정한 기쁨이 없다. 학교를 가고 결혼하고 직장을 다녀도 존재 가치, 즉 정체성이 올바로 정립되어 있지 않으면 미래에 이루고 싶은 꿈도 명확치 않고 삶에서 큰 의미를 느끼지 못하기 때문이다. 이런 사람들의 삶에는 생기가 없고 열정도 없다. 그래서 지금은 자신이 원하는 삶을 살고 있지 않지만 언젠가 원하는 삶을 살 수 있는 날이 올 것이라고 어렴풋이 생각하면서 그저 지금의 삶을 참고 견딘다. 또 직장에서 일하는 목적이 언젠가 원하는 꿈을 이루기 위해서 견뎌야 하는 것, 가족을 먹여 살리기 위해서 어쩔 수 없이 하는 것, 조직에서 살아남기 위해서 참아야 하는 것이라고 생각한다. 이 경우, 회사의 업무 목표는 타의에 의해 부과된 무거운 의무로만 여겨지고 이 의무를 다하지 못할 경우 불리한 처우를 받을지도 모른다는 두려움과 압박 속에서 일하게 된다. 이런 사람들은 '피어 사이클Fear Cycle' 속에서 일하며 살아간다.

한편 자신의 존재 가치를 명확히 인식하고 가치에 맞는다고 판단하여 회사에 입사한 사람들은 마음에 희망과 기쁨이 있다. 이런 사람들은 존재 가치를 따라 사는 것의 의미를 알고 있으며, 매일의 삶에서 그것을 늘 의식하면서 사는 사람이다. 그래서 일을 하는 자체로 의미와 가치를 느끼고, 삶에는 생기가 있고 열정이 있다. 또한 지금 여기가 바로 자신의 꿈을 이루는 현장이라고 생각하고 누가 보든 보지 않든 자신에게 주어진 일에 최선을 다해 책임진다. 만약 최선을 다했지만 목표를 이루지 못하거나 평가가 안 좋을 경우에도 실망하지 않고 다시 도전하게 된다. 왜냐하면 자신의 가치를 위해 자신이 선택한 일이기 때문에 다른 사람의 평가나 장애물로 인해 쉽게 흔들리거나 좌절하지 않기 때문이다. 이런 사람들은 자신의 존재 가치와 꿈을 알고 '조이 사이클Joy Cycle'로 일하는 자립형 인재라고 말할 수 있다.

두 가지 경우 중 두려움을 가진 피어 사이클로 일하는 사람은 회사에 보통 정도의 유익을 준다. 그러나 즐거움을 가진 조이 사이클로 일하는 사람은 보통 정도의 유익을 넘어 탁월한 성과를 안겨다 줄 수 있다. 조이 사이클로 일하는 사람이 피어 사이클로 일하는 사람보다 10퍼센트 정도의 생산성을 더 올린다고 하면 작게 느껴질지 모르나, 한 사람당 10퍼센트라는 차이가 10명, 100명, 1,000명, 더 나아가 수만 명이 된다면 그 이익은 막대할 것이다. 예를 들어, 어느 대기업의 2018년 매출이 300조라고 한다면 10퍼센트라는 증가액은 1년간 30조라는 어마어마한 금액이 될 것이다. 이처럼 직원들이 자신의 존재 가치를 의식하며 행복한 마음으로 회사 일을 자

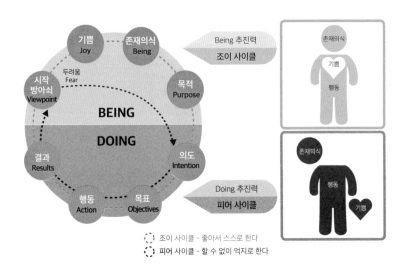

행복과 성과에 결정적인 역할을 하는 존재의식

조이 사이클 - 좋아서 스스로 한다
피어 사이클 - 할 수 없이 억지로 한다

기 일처럼 조이 사이클로 한다면 회사에 안겨 주는 수익은 배가될 것이다. 조직이 크면 클수록 이 차이는 한 회사가 사느냐 죽느냐를 가르는 중대한 차이가 될 수도 있다.

조이 사이클은 구성원들이 자신의 존재 가치를 찾아서 스스로 좋아서 일하도록 동기 부여 하는 것이 왜 중요한지를 알려 준다. 그래서 리더는 구성원 개개인의 존재 가치를 찾아서 그들의 꿈을 업무 목표에 연결시키는 일을 해 주어야 한다. 그것이 바로 조직의 리더들에게 요구되는 '개인의 비전과 조직의 비전을 일치시키는 작업'이다. 이를 위해 리더는 구성원의 코치가 되어 개인의 가치, 비전, 목표를 찾고 그것을 지금의 현업에 어떻게 효과적으로 접목할지 대안을 찾고 실제로 실행 계획을 수립하도록 도와주어야 한다. 이렇게 리더가 자신의 가치를 확장시켜 주고 업무를 통해 강점을 개발시켜 주고 꿈에 다다를 수 있도록 해 준다면 그 직원은 행복할 것이다. 그러한 리더의 든든한 지지와 격려가 있다면 누구라도 바로 이 자리에서 모든 힘을 쏟아붓고 열정적으로 일에 몰입하지 않겠는가? 이 세상 모든 사람들은 자신을 그렇게 섬세하게 코치해 줄 리더를 만나고 싶어 한다.

03.
열정을 불러일으키는 강력한 질문

강력한 질문이란?

질문은 다양한 기능과 역할을 포함하고 있는 만큼 그것을 이해하고 사용하기 위해서는 면밀한 관찰, 직관, 통찰이 필요하다. 과거에 우리가 흔히 사용하던 질문들은 필요한 정보와 지식을 얻어내거나 질책의 도구로 사용하는 경우가 많았다. 그러나 세계적으로 사용하고 있는 코칭 질문들은 기존의 질문 방법과 완전히 다르다. 코칭에서는 과거의 주요 기능 대신에 긍정적인 변화와 성장을 촉진하기 위한 목적으로 질문을 사용한다.

강력한 질문은 사람들이 현재 상태에서 발을 떼고 과감하게 앞으로 전진하도록 자극하고 행동하도록 이끌기 위해 사용한다. 이때 가능하다면 닫힌 질문보다는 열린 질문으로, 부정 질문보다는 긍정 질문으로, 특정 질문보다는 확대 질문으로, 과거 질문보다는 미래 질문을 사용하는 것이 바람직하다. 때때로 필요에 의해 특정 질문이나 과거 질문을 사용할 수도 있지만, 꼭 해야 한다면 최소한으로 줄여야 한다. 특히 부정 질문은 코칭에서 금기사항이다. 또한 '왜'라는 질문은 취조 받는 느낌을 줄 수 있으므로 자제하고, '무엇' 또는 '어떻게'를 사용한 질문이 바람직하다. 단, 강력한 질문은 가능한 간결하게 하고, 질문을 하고 나서는 고객이 생각하고 대답할 때까지 침묵하고 기다려야 할 때도 있다. 그렇게 조용히 기다리고 있으면 고객은 스스로 자신의 생각을 정리하고 자신의 목표를 향해 과감하게 나아갈 수 있게 된다.

다음의 그림은 강력한 질문과 에너지 수준을 보여 준다. 열린·긍정·확대·미래 질문들은 사람들의 에너지를 끌어올려서 긍정적으로

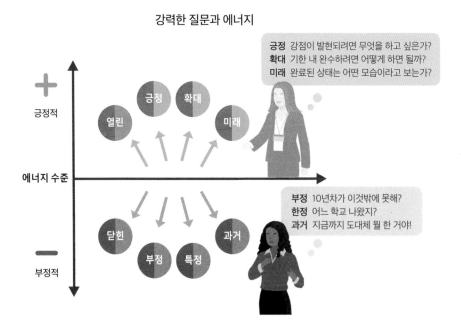

강력한 질문과 에너지

긍정 강점이 발현되려면 무엇을 하고 싶은가?
확대 기한 내 완수하려면 어떻게 하면 될까?
미래 완료된 상태는 어떤 모습이라고 보는가?

부정 10년차가 이것밖에 못해?
한정 어느 학교 나왔지?
과거 지금까지 도대체 뭘 한 거야!

바꾸어 준다. 반면 닫힌·부정·특정·과거 질문들은 사람들의 에너지를 떨어트려서 부정적으로 만든다. 우리의 말과 질문은 이렇게 사람들의 에너지를 올려 주기도 하고 떨어트리기도 하는 힘을 가졌다.

그런데 이러한 메커니즘을 이해하지 못한 채 말을 하거나 질문을 사용하는 것은 위험한 일이다. 말로 인간관계를 죽이기도 하고 살리기도 한다는 것은 바로 이러한 이유다. 누구든지 이 강력한 질문이 작동하는 메커니즘과 힘을 알게 된다면 그 목적과 의도를 고려하지 않거나 상대의 마음을 생각하지 않고 가벼이 말하는 일은 없을 것이다. 즉 내가 하는 말과 질문들이 상대의 에너지와 존재감을 살리는 것인지, 죽이는 것인지 신중하게 생각하면서 보다 중립적으로 말하게 될 것이다.

강력하지 않은 질문

우리는 과거에 전략이나 방향 없이 자기 중심의 대화를 많이 해왔다. 예를 들어 누군가가 도움을 청해 오거나 문제를 나누면 도와준다는 생각에 자신의 경험과 판단을 기초로 조언이나 가르침을 주는 것이 대부분이었다. 만일 퇴근해서 집에 오면 아이와 3시간 정도 함께 놀아 주기를 원하는 아내의 요구로 고민하는 회사원의 문제 해결을 위해 코칭을 한다고 가정하자. 그 방법에 대해서 답을 주는 것은 충고나 가르침이다. 충고나 답은 들을 당시에는 합당한 것 같고 좋은 것 같지만 상대의 방향이나 가치와 맞지 않을 경우에는 실행 가능성이 낮다. 코칭에서는 이런 조언과 가르침 또는 충고를 자제하도록 권유하고 있다. 그리고 질문이기는 하나 강력하지 않은 질문은 자신의 판단이 들어가거나 유도성 질문이다.

예를 들어 고객이 아이와 매일 3시간씩 놀아 주는 방법을 찾고 싶어 하는데, 코치가 "직장 다니는 사람이 아이와 하루에 3시간씩 놀아 준다는 건 너무 무리 아닌가요?"라고 질문한다면 이것은 '그것은 안 될 것이다'라는 부정적인 판단이 들어간 것이다. 또한 "아이들은 10시 전에는 자야 하는데, 10시 전까지 놀아 주려면 몇 시부터 놀아야 되죠?"라고 묻는다면 이것은 유도 질문이다. 또한 강력하지 않은 질문은 뻔한 내용을 물어 보는 것이다. "아내는 왜 그런 요청을 하는 것 같아요?" 이런 질문은 원인을 탐구하는 것 같지만 뻔하다. 아내는 남편의 도움이 필요해서 요청한 것인 줄 뻔히 알수 있는데, 질문 자체가 시간 낭비다. 여기서 강력한 질문이란 대안과 방법을 스스로 찾게 해 주는 것이다.

강력하지 않은 질문

부정적 판단 질문	직장 다니는 사람이 아이와 하루에 3시간씩 놀아 준다는 건 너무 무리 아닌가요?
유도 질문	아이들은 10시 전에는 자야 하는데, 10시 전까지 놀아 주려면 몇 시부터 놀아야 되죠?
뻔한 질문	아내는 왜 그런 요청을 하는 것 같아요?

열린 질문

열린 질문은 상대가 스스로 자유롭게 설명하고 이야기할 수 있도록 하는 질문이다. 열린 질문은 주로 무엇을, 얼마나, 어떻게, 언제 등 육하원칙에 기준한 질문이다. 이러한 개방형 질문은 무언가를 분명히 하거나, 가능성을 높여 주거나, 새로운 것을 배우게 할 때 효과적이다. 열린 질문은 정해진 뻔한 답이 아니라 고객의 사고력과 상상력을 자극하여 독특하고 다양한 답을 내놓도록 돕는다. 코칭에서 사용하는 질문은 대부분 열린 질문으로 구성된다.

한편 닫힌 질문, 즉 폐쇄형 질문은 '예' 또는 '아니오'처럼 하나의 답으로만 대답하게 만든다. 예상하겠지만 닫힌 질문을 하면 상대가 단답형으로 대답함으로써 이야기가 단절될 수 있고, 더 깊은 대화로 이어지지 않을 수 있다. 그래서 우리는 닫힌 질문보다는 열린 질문을 통해 상대가 자기를 보다 자유롭게 표현하도록 하고, 상상력과 사고를 확장할 수 있도록 도전을 줄 필요가 있다. 코칭에서 사용하는 긍정 질문, 확대 질문, 미래 질문 등 모든 좋은 질문들은 열린 질문의 형태로 되어 있다.

지향 - 열린 질문	지양 - 닫힌 질문
• 이제부터 제대로 한다면 어떻게 하는 것이 좋을까요? • 최선의 방법은 무엇일까요? • 좀 더 구체적으로 설명해 주시겠어요?	• 이제부터는 제대로 할 겁니까? • 잘해 보고 싶은 생각이 있기는 한 거예요? • 할 거예요, 말 거예요?

긍정 질문

긍정 질문은 화자의 긍정적인 면, 사안의 해결 가능한 방향, 최선의 선택안 등에 초점을 맞추도록 하는 것이다. 긍정 질문은 상대가 어떠한 한계에 부딪힐지라도 가능성을 보게 하고 자신의 강점을 보게 하며, 희망과 즐거움을 갖도록 한다. 한편 부정 질문은 '왜' '아니다' 등의 질책의 느낌이나 부정의 느낌이 드는 단어가 포함된 질문이다. 부정 질문은 상대의 시각을 부정적인 면에 머물게 하고, 좁고 어두운 어감이 느껴지게 한다. 부정 질문은 '왜 하지 않았나' 처럼 '왜'라는 말과 함께 자주 사용된다. 이는 과거의 실수나 능력의 한계를 지적하거나 질책하는 듯한 느낌을 주기 때문에 질문을 받는 사람은 변명하거나 회피하고 싶은 마음을 갖게 한다. 또한 '실패를 줄이기 위한 방법은 무엇인가'라는 질문은 언뜻 보기에는 대안을 찾는 것이라서 좋은 것처럼 들리지만, 실은 '실패'라는 단어를 중심으로 말하고 있기 때문에 이것도 부정적인 측면을 기초로 대화하고 있는 것은 마찬가지다. 이것을 긍정적인 단어 중심으로 바꾼다면 '성공하기 위한 방법은 무엇인가'라는 문장이 되어야 할 것이다.

지향 - 긍정 질문	지양 - 부정 질문
• 해결을 위해 어떤 강점을 사용할 수 있나요?	• 강점을 사용하지 못하는 이유는 무엇인가요?
• 언제 어떨 때 가장 힘이 나나요?	• 왜 두려워하나요?
• 지금 할 수 있는 것에는 무엇이 있나요?	• 실패를 줄이기 위한 방법은 무엇인가요?

확대 질문

확대 질문은 상대방이 지닌 능력이나 가능성을 확대하는 것이다. 즉 현재 자신이 인식하거나 생각하는 것보다 더 큰 목표와 계획을 갖도록 도전하는 것이다. 확대 질문은 좁은 시각에 머물러 있던 상대의 의식을 확장하고 새로운 자각이 일어나도록 돕는다.

예를 들어 직원이 업무를 완수하지 못한 채 가져 왔을 때 상사가 부정적인 시각으로 질문한다면 "안 되는 이유가 뭔가?"라고 질문할 것이다. 그러면 직원은 못한 이유에 대해서 자세히 설명하고 자신의 잘못이 아니라는 핑계를 댈 것이다. 반대로 긍정적인 시각으로 질문한다면 "지금부터 어떻게 하면 가장 빨리 완수할 수 있을까?"라고 말할 수 있다. 그러면 직원은 가장 잘할 수 있는 가능한 방안을 내놓을 것이다. 바쁜 업무 속에서 직원이나 리더나 목적은 동일하게 일을 탁월하게 빨리 끝내는 것이다. 그렇기 때문에 잘못한 원인이나 과거의 실패에 대해 나누면서 시간을 허비하고 감정도 상하고 관계마저 나쁘게 할 것이 아니라 반대로 빨리 해결할 수 있는 솔루션에 대해 이야기하는 것이 기분도 좋고 해결도 빨리 할 수 있다.

그것이 긍정적인 면을 더욱 확장해서 더 좋은 결과를 만들도록 돕는 확대 질문의 목적이다. 반대로 특정 질문은 확대하는 것이 아니라 특정한 상황이나 사안에 갇히게 하고 한정적인 시각을 갖도록 만드는 질문이다. 즉 특정 질문은 시야를 좁게 만들어 자유로운 발상과 표현을 저해한다.

지향 - 확대 질문	지양 - 특정 질문
• 2배 더 집중할 수 있는 방법은 무엇입니까? • 자원이 다 확보되면 어떻게 할 수 있나요? • 당신이 사장이라면 어떻게 할 수 있나요?	• 어느 고등학교를 나왔습니까? • 재산은 얼마나 되나요? • 입사한 지 얼마나 되었나요?

미래 질문

미래 질문은 현재보다는 미래에 초점을 맞추도록 돕는 질문이다. 이 질문은 현재의 한계나 혼란에서 벗어나 미래의 가능성에 초점을 맞춤으로써 새로운 가능성을 보게 하고 희망을 갖게 한다. 또한 현재 이루고자 하는 목표가 달성된 미래의 상태를 상상하게 하는 것은 목표에 대한 긍정적인 감정을 느끼게 함으로써 문제를 보다 긍정적인 시각으로 보게 하고 성취에 대한 열망을 높인다. 그래서 목표 도달 과정을 구체화하는 데 도움이 된다.

한편 이에 반해 과거 질문은 과거의 실수나 한계에 집중하게 하고 후회하거나 회피하는 마음을 갖게 할 수 있다. 과거에 일어난 일은 더 이상 되돌릴 수 없고 다른 선택을 할 수도 없다. 따라서 과거에 오래 머물면서 이야기하는 것은 더 많은 후회나 무력감을 불러오고 에너지를 허비하게 만들 수 있다. 코칭은 과거의 부족함이나 상처, 실패에 초점을 맞추는 것이 아니라 미래 가능성이나 목표와 꿈을 이루기 위한 솔루션을 찾고 실행하는 데 초점을 맞춘다.

지향 - 미래 질문	지양 - 과거 질문
• 앞으로 어떻게 하고 싶습니까?	• 지금까지 무엇을 했습니까?
• 최종적으로 어떤 결과를 원하시나요?	• 언제부터 그랬나요?
• 3년 후에는 어떤 모습이 되고 싶으세요?	• 어디서 잘못되었나요?

강력한 질문의 적용

　지금 한국 사회에는 소통의 혁명이 일어나고 있다. 인간과 인간 사이를 이어 주는 강력한 도구인 언어에 대해서 재평가하면서 과거와 다른 가치를 부여하고 있다. 사람을 많이 다루어 봤다고 하는 기업의 인사 관리자, 인재 육성 담당자, 조직 관리자들은 모두 하나같이 '사람은 변하지 않는다'고 말한다. 그뿐만 아니라 조직 내 구성원들조차도 리더십 코칭을 위한 다면진단서를 통해 '우리 상사는 절대로 변하지 않을 것'이라고 주관적인 견해를 표명하는 경

5R 코칭 질문과 강력한 질문

우가 많다. 그리고 놀랍게도 그들 중 많은 사람들은 '우리 상사가 다른 곳으로 이직할 때까지 참고 기다리겠다'라고 적나라하게 쓰기도 했다. 이 예를 보더라도 현실적으로 사람이 스스로 생각과 언행을 변화시킨다는 것이 얼마나 어려운 일인지 알 수 있다.

그럼에도 코칭이란 툴을 적절히 사용하면 사람의 사고방식과 언행도 순식간에 변화를 일으킬 수 있다. 우리가 앞서 보았던 '질문의 틀'은 언제 어디서나 가볍게 사용할 수 있다. 이 간단한 5가지 단계에 따라 질문하고 경청하며 피드백을 하면 상대의 실행력이 높아지게 되고 언행 변화를 효과적으로 도울 수 있다. 이 기초적이고 핵심을 이루는 질문의 틀 위에 '강력한 질문'과 '질문의 방향'들을 추가한다면 사람들의 마음에 열정과 동기를 불러일으키고 깊은 깨달음과 통찰을 일으킬 수 있다. 그래서 상대가 최적의 솔루션을 찾아 스스로 챔피언이 되도록 강력하게 도울 수 있다.

04.
질문의 4가지 방향

　2017년 5월, 취업 포털 잡코리아가 직장인 1,656명을 대상으로 '삶의 만족'에 대해 설문 조사한 결과, 직장인의 56.8퍼센트가 현재 자기의 삶이 만족스럽지 않다고 답했다. 매우 만족스럽지 않다는 응답은 27.3퍼센트로 나타났다. 이렇게 삶의 만족도를 부정적으로 보는 응답자가 전체의 84.1퍼센트로 나타나면서 직장인 대부분이 삶을 만족스럽지 않게 느끼는 것을 확인할 수 있었다. 반면 대체로 만족한다는 의견은 15.4퍼센트, 매우 만족스럽다는 의견은 0.5퍼센트에 불과했다. 그렇다면 이렇게 많은 직장인들이 삶에 만족하지 못하는 이유는 무엇일까?

　직장생활 10년, 아니 20년을 해도 기대한 만큼 인정받지 못하고, 아무리 열심히 일해도 경제적 상황은 나아지지 않고, 일에서도 가정에서도 충족감을 느끼지 못하고 살아가는 사람들이 많다. 직장인들의 삶의 만족도가 낮은 이유는 환경이나 인간관계 요인도 있겠지만, 더 근본적으로는 자신의 선택과 결정에 대한 만족도가 낮아서일 수도 있다. 사람들은 일의 방법이나 방향을 결정할 때마다, 인생의 전환기마다 과감하게 결정해야 하는 상황에 직면하게 된다. 그런데 기존의 생각과 습관이 다음 단계로 나아가는 용단을 내리지 못하도록 방해한다. 누구나 내 의지와 상관없이 외부로부터 변화를 요구받을 때 이 변화의 파도에 탈 것인지 말 것인지를 놓고 고심하게 된다. 이런 시대적인 변화 앞에서 그것을 거부하거나 뒤로 숨는 겁쟁이가 되고 싶은 사람은 없을 것이다. 다만 그 결정이 옳은 것인지 몰라서, 또는 실패할 때 겪게 될 리스크를 알 수 없어서 당황하고 머뭇거리고 있을 뿐이다.

거울에 자기의 얼굴을 바짝 대면 눈동자와 코를 중심으로 한 작은 얼굴을 자세히 볼 수 있다. 그러나 거울에서 뒤로 물러서면 설수록 자신의 얼굴은 작게 보이지만 얼굴 이외의 다른 부분까지 전반적인 모습을 볼 수 있다. 현재의 문제에만 집중하는 사람이나 자기주장을 고집하는 사람은 마치 거울에 코를 박고 자기 얼굴만 보는 사람과 같다. 우리는 이런 사람들이 얼굴을 높이 들고 더 위대한 목표를 바라보고 더 넓은 시각으로 풍부한 자원을 찾도록 질문해야 한다. 또 깊은 내면의 두려움이 어디에서 생겼는지 통찰해 보고 생각 방식을 바꾸도록 하며, 더 나은 미래를 향해 세밀하게 행동함으로써 변화를 일으키도록 질문하고 피드백을 해 줄 수 있어야 한다.

이렇게 높이 도전하게 하고, 넓게 보게 하고, 깊이 통찰하게 하고, 세밀하게 행동하게 하는 질문은 4가지의 방향성을 가지고 있

질문의 방향

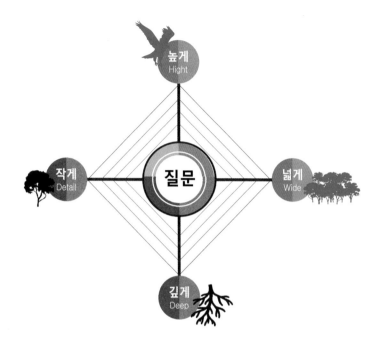

다. 보통 개별적이고 수많은 질문들을 일일이 기억하고 사용하기에는 힘들지만, 4가지의 명쾌한 방향성만 이해한다면 자신의 상황에 맞게 스스로 질문을 만들어 쉽게 사용할 수 있다. 이 질문들은 우리의 시각을 높이 보게 하여 도전하게 하기, 다양한 자원을 찾도록 넓게 보게 하기, 문제나 상황을 깊게 들여다보고 자각하게 하기, 실제로 실행할 수 있는 구체적인 것으로 좁혀서 작게 세분화하여 실행할 수 있게 하기 등으로 구성된다. 이러한 질문들은 한 번도 생각해 본 적 없는 것을 생각하게 만들고 깊은 내면을 직면하게 하는 등 사람들의 의식을 확장시키고 열정을 불러일으켜서 근본적인 변화와 성장을 이루도록 돕는다.

　이제부터 4가지 방향의 의미와 질문 방법을 숙지하고 내가 대화하고 있는 상대를 어떤 방향으로 향하게 하면 유익할지 생각하면서 적용해 보자. 이 질문의 4가지 방향은 5R 코칭 질문의 틀에 따라 대화하는 단계 사이사이에 적절하게 추가하여 사용하면 된다. 5단계의 질문의 틀로만 대화할 때와 이 질문의 방향에 따른 강력한 질문들을 추가할 때의 영향력은 확연히 다르다는 것을 알게 될 것이다.

05.
첫째 질문: 높이 도전하게 만드는 질문

큰 그림과 미래를 보게 하는 질문

높이 도전하게 하는 질문은 좌절해 있거나 당면한 현상에만 머물러서 더 이상 앞으로 나아가지 못하는 사람, 눈앞의 일에 시야가 고정되어 다른 생각을 하지 못하는 사람, 실패나 혼란을 두려워하여 나아가기를 망설이는 사람들에게 용기와 열정을 갖고 앞으로 나아가게 하는 것이다. 이런 질문을 통해 사람들은 자신감을 회복하고 더 높고 큰 목표에 도전하게 된다. 이렇게 사람들에게 높이 도전하게 하는 질문들은 구체적으로 큰 그림을 보게 하기, 미래를 보게 하기, 강점을 보게 하기 등으로 나눌 수 있다.

우리는 크고 작은 난관에 부딪힐 때 자주 좌절한다. 이렇게 좌절할 때는 모든 것이 불가능해 보이고 더 이상 할 수 있는 힘이 없다는 생각에 무력감에 빠지기도 한다. 바로 이때 리더는 다음과 같이 질문함으로써 사람들이 새로운 솔루션을 갖게 해 줄 수 있다.

사람들은 이렇게 큰 그림을 보게 되면 지금 현재의 일은 미래의

- 이 일을 이루기 위한 획기적인 방법은 무엇인가요?
- 과거에 성공한 경험을 이 일에 적용한다면 어떤 강점을 사용할 수 있을까요?
- 어떤 방법을 사용하면 이보다 더 큰 목표에 도전할 수 있을까요?
- 목표보다 두 배 더 큰 성과를 내기 위해서는 어떤 전략이 필요한가요?
- 당신이 사장이라면 어떤 방법을 사용할 건가요?

큰 목적을 위해 거쳐야 할 하나의 과제로 생각하고 극복하고자 하는 마음이 생기게 된다. 사람들은 문제가 발생하면 그 문제에만 집중하기 때문에 다른 가능성을 볼 수 없다. 그래서 자신의 능력을 과소평가하고 크고 작은 도전들이 다가오면 두려움에 빠져서 피하게 된다. 특히 이전에 겪어 본 적 없는 일이라면 두려움은 더욱 커진다. 그러나 이럴 때마다 도전을 피한다면 성장은 멈추고 후회와 좌절감만이 남게 될 것이다. 사람들이 문제에만 집착한다면 해답을 찾기는 커녕 오히려 시야가 좁아져서 점점 미궁에 빠질 수 있다. 그러나 눈을 들어 독수리와 같이 높은 곳에서 아래를 내려다 보면 문제도 잘 보이고 해결안도 찾을 수 있게 된다.

앞에서 보았던 미래를 보게 하는 질문도 여기에 속한다. 현재 직면한 문제나 과제들을 보면 항상 버겁고 부담스럽다. 현재는 늘 수많은 장애들이 앞길을 막고 있는 것처럼 보이기 때문이다. 이럴 때 코치는 상대의 시점을 미래로 향하게 하여 미래에 성취된 모습을 상상하면서 에너지를 긍정적으로 바꾸어 현재의 문제에 기꺼이 직면하고 장애를 가볍게 극복하도록 도울 수 있다. 미래 질문은 다음과 같이 할 수 있다.

- 일을 잘 끝내면 어떤 기분이 들까요?
- 이 일을 잘 마치면 당신의 가치는 어떻게 변할까요?
- 1년 후에 지난 일을 돌아볼 때 어떤 보람을 느끼고 싶으세요?
- 미래의 꿈을 이루는 데 이번 일이 어떤 영향을 미칠까요?

기적 질문

우리가 흔히 말하는 기적은 인간 내면의 잠재의식과 열망이 일치되는 순간에 일어나는 현상이라고 할 수 있다. 대체로 각 분야에서 성공한 사람들을 보면 모두 기적을 이루어 낸 사람들이다. 누구든지 자신의 꿈과 목적을 이루고자 하는 강한 열망을 가지고 그것이 이루어지는 상상을 하면서 그쪽 방향으로 살아간다면 꿈이 이루어지는 경험을 할 수 있다. 이것이 바로 기적이 현실이 되는 순간이다.

우리는 사람들이 의욕을 잃고 있거나 아무런 아이디어를 내지못할 때 힘을 내고 뭔가를 생각하고 시도할 수 있는 실마리를 제공해야 할 때가 있다. 그럴 때 기적 질문이 도움이 된다. 기적 질문은 일어나지 않은 일, 생각해 본 적 없는 새로운 것, 기적과도 같은 일을 상상하게 함으로써 거기서 가능성을 찾고 새로운 힘을 얻도록 하기 때문에 열정을 불러일으키는 질문이라고도 한다. 열정을 불러일으키는 질문이란 고객이 진정으로 '원하는 것'을 찾고 말하게 하는 것이다. 스티브 드세이저Steve De Shazer는 해결 중심의 질문을 통해 상대가 이미 가지고 있는 자원을 활용하여 단기간에 해결 방안을 구축하도록 돕는 모델을 만들어 세계적으로 큰 영향을 끼쳤다. 간단하지만 영향력이 큰 그의 '기적 질문'은 매일 세계의 수많은 사람들이 사용한다.

이 기적 질문은 자녀들이나 동료, 전혀 모르는 사람, 고객, 상사 등 다양한 대상에게 사용할 수 있다. 좀 황당한 질문 같지만 누구나 한 번 쯤 생각해 볼 수 있는 일탈을 꿈꿔 보게 하는 재미있는 기회이기 때문에 대부분 즐겁게 대화에 참여한다. 이것은 또한 할 말이 생각나지 않을 때나 분위기가 어색할 때에도 유용하다. 정말 해 보고 싶었지만 현실에서는 할 수 없는 일, 불가능하게 여겨지는 일들에 대해 상상하면서 마음속의 소망을 풀어 놓기도 하고, 불가능하다고 생각하던 것을 말하면서 실제로 시도할 수 있는 가능성을 발견하게 할 수도 있기 때문이다. 이렇게 즐거운 상상을 하면서 기적 질문의 ⑤번을 선택하게 한 후 5R 코칭 질문에 연결하면 그 꿈을 삶에서 작은 것부터 이루어 나갈 수 있는 실행 계획을 당장 잡도록 도울 수 있다. 그렇게 기적 질문을 5R 코칭 질문에 연결한다면 기적이라고 생각했던 목표를 실행하여 꿈을 이루게 만들 것이다.

① 당신에게 기적이 일어난다면 그것은 무엇일까요?

② 그것이 당신에게 중요한 이유는 무엇인가요?

③ 또 다른 기적이 일어난다면 그것은 무엇인가요?

④ 그것이 왜 중요한가요?

⑤ 둘 중 하나만 선택해야 한다면 어느 것을 선택할 건가요?

⑥ 그것을 스스로 이룰 수 있는 방법은 무엇인가요?

⑦ 또 어떤 방법이 있나요?

⑧ 또 다른 방법은 무엇인가요?

⑨ 무엇부터 먼저 실행하면 좋을까요?

⑩ 언제부터, 한 주에 몇 번, 언제까지 하면 그 목표가 이루어질까요?

⑪ 누가 응원하고 지지해 주면 더 잘할 수 있을까요?

⑫ 이렇게 이야기를 하니 새롭게 깨달은 것은 무엇인가요?

06.
둘째 질문: 넓게 확장시켜 주는 질문

새로운 자원을 찾게 해 주는 질문

넓게 확장시켜 주는 질문은 사람들의 시각이 제한된 범위에 머물러 있을 때, 생각이 편협하거나 자기만의 고집에 싸여 있을 때, 더 이상 대안이 없다고 포기하려고 할 때 유익하다. 우리나라 사람들은 일방적인 지시형의 부모나 리더들을 보며 자랐기 때문에 나보다 높은 지위에 있는 사람이나 똑똑한 사람의 지시를 받고 그들이 하라는 대로 하면 된다는 소극적인 생각에 사로잡혀 있다. 그래서 우리나라 사람들은 '창의성이 떨어진다' '유연성이 부족하다' '수직적·수동적이다'라는 말을 자주 듣는다. 사실 최근에 코칭이 일반화되면서 코칭 질문을 하는 사람이 많아지고 있는데, 이런 코치들의 질문에 당황해하고 스스로 대답하지 못하는 사람들도 많다.

사람들의 시야를 넓게 확장하여 새로운 아이디어나 자원을 찾게 하기 위해서는 다양한 측면을 탐색하고 생각해 보도록 하는 것이 효과적이다. 예를 들어 재정, 물질, 환경, 시스템 등에서 활용할 자원을 찾을 수도 있지만, 대부분의 경우 이런 물적 자원을 당장 사용하는 데에는 한계가 있다. 그래서 많은 경우 인간관계 자원, 경험 자원, 자신이 가지고 있는 긍정적인 면 등 강점과 재능을 개발하고 확장하여 그것을 해결 자원으로 사용하도록 하는 편이 더 쉽고 강력하다.

필자는 기업 조직의 리더들을 코칭하는 일이 많은데, 리더들에게 코칭 스킬을 배워서 회의나 면담 때 또는 직원들을 동기부여해야 할 때 사용하도록 권하고 있다. 그런데 코칭 스킬을 몇 번 연습하고 직원들에게 적용해 본 리더들이 자주 하는 이야기가 있다. 직원들과 대화를 할 때 질문을 하고 가만히 경청하고 있으면 직원들이 당황해하면서 "팀장님, 왜 그러세요? 평소대로 빨리 팀장님 의견을 주세요"라고 말한다는 것이다. 대부분의 사람들은 질문을 하면 당황해하고 답변을 쉽게 못한다고 한다. 그래서 나는 리더들에게 너무 서두르지 말고 직원에게 질문을 했는데 답변을 못하면 기존에 하던 대로 답을 주고 조언도 하면서 서서히 질문을 늘려가는 대신, 조언이나 답을 주는 빈도를 줄여 나가도록 권유한다.

우리는 알고 있는 것만 생각하고, 보고 싶은 것만 보고, 듣고 싶은 것만 듣는 경향이 있다. 그러나 사회는 본 적 없고 경험한 적 없는 것을 상상하고 도전하고 실현시키고자 노력해 온 사람들에 의해 발전되어 왔다. 앞으로의 조직과 사회는 본 적 없는 것을 상상하며 한 번도 경험한 적 없는 것을 시도하고 혁신을 일으키는 사람들에 의해 발전해 나갈 것이다. 리더들은 조직과 사회의 발전을 위해 우리 구성원들이 더 많은 것을 상상하고 더 많은 자원을 찾아낼 수 있도록 질문하고 피드백해 주어야 한다. 이렇게 질문과 경청과 피드백으로 상대가 스스로 답을 하도록 하는 소통 문화와 수평적 조직 문화가 신속하게 이루어지지 않는다고 실망할 필요는 없다. 상대가 변할 때까지 인내와 포용력을 가지고 지속적으로 양방향 소통을 해야 할 것이다.

관계 자원 찾기

"당신이 국회의원 선거에 출마한다면 직접적 접촉에 의해 자연 발생적으로 당신을 꼭 찍어 줄 사람이 몇 명이나 되나요?"

이 질문에 당신은 어떻게 대답할 것인가? 인간관계란 형성되어 지속적으로 유지되는 내면적·감정적인 인간 대 인간의 관계다. 우리는 살아가면서 가족을 비롯하여 혈연·지연·사연 등의 인간관계 네트워크를 가진다. 그런데 이 네트워크가 얼마나 큰지, 또는 얼마나 질적인 깊이가 있는지는 개인의 특성이나 삶의 목적 또는 능력에 따라 달라진다. 그것은 사회에서의 팀워크 능력, 리더십 능력, 갈등 관리 능력, 협상 능력 등 역량의 정도에 영향을 받는다. 아무리 사람들과 좋은 관계를 가지고 싶어도 대화 기술, 협상 능력, 솔선수범 등을 통해 기여하는 모습이 약하면 그만큼 매력도가 떨어지고 인간관계는 약해질 수밖에 없다.

이렇게 형성된 관계 중 가족 이외에 일생을 통해 가장 많은 시간을 함께하는 사회 속에서의 만남은 더욱 중요하다고 볼 수 있다. 사회 관계, 즉 사연은 함께 일하는 구성원들과의 상호 관계 속에서 형성되는 중요한 인적 자원이 된다. 그래서 우리는 고객의 솔루션을 찾아 나갈 때 이 인적 자원과 연관된 가능성이 무엇인지 탐색해 볼 필요가 있다. 인간관계를 많이 가지는 게 중요한 것이 아니라 자기에게 필요한 좋은 사람을 만나는 것이 중요하다.

즉 인간관계를 '얼마나 많은 숫자의 사람을 만나는가' 하는 양적인 기준으로 볼 것이 아니라 '나를 진정으로 지지해 주고 도움을 주는 사람이 얼마나 있는가' 하는 질적인 기준으로 보아야 한다. 우리는 자신의 가치를 알아보는 사람이 누구인지 알아내고 그런 사람과 진정성 있는 관계를 형성해 나가도록 노력해야 한다. 그러한 관계 자원을 만들어 나가는 것이 인생을 풍족하게 하는 중요한 열쇠이기 때문이다.

- 이 일을 하는 데 있어 어떤 사람이 가장 도움이 될까요?
- 누가 지지와 격려를 해 주면 힘이 날까요?
- 상사에게는 어떤 도움을 요청할 수 있나요?
- 당신이 어려운 일을 부탁해도 '노'라고 거절하지 않을 만한 사람은 누구인가요?

경험 자원 찾기

경험은 비싼 가치를 치른 소중한 자원이다. 어떻게 하면 실패하는지, 어떻게 하면 성공하는지 등에 대해 이미 임상이 끝난 것이라서 우리는 거기서 많은 지혜와 대안을 추출해 낼 수 있다. 토머스 칼라일Thomas Carlyle이 "경험은 최고의 교사다. 다만 수업료가 지나치게 비싸다"라고 말한 것처럼 코치는 고객이 앞으로 나아가지 못하거나 좋은 대안을 찾아내지 못할 때 성공했던 과거 경험을 떠올리게 하고 그때 작동되었던 핵심 원리를 찾아내어 거기서 교훈을 얻고 현재 상황에 적용하게 할 수 있다. "그때 성공을 이끌어 낸 당신의 핵심 강점은 무엇인가요?" 등과 같은 질문은 경험으로부터 자신의 강점을 보게 하고, 그것을 현재의 이슈를 해결하는 자원으로 사용할 수 있다는 사실을 알게 하는 것이다.

"경험은 현명한 사람의 유일한 예언이다"라고 한 알퐁스 드 라마르티느Alphonse de Lamartine의 말처럼 우리는 경험으로부터 배우면서 거기서 일어났던 것을 피하는 전략을 세우기도 한다. 또 그것에서 지혜를 가져와서 새로운 결과를 창출해 내는 전략을 세우기도 한다. 그래서 사람들의 경험은 실패든 성공이든 모두 가치가 있다. 실패로부터 어떻게 하면 실패하지 않을 수 있는지 방법을 배울 수 있고, 그 과정에서 알게 된 자신의 능력과 한계를 통해 유익한 교훈을 얻을 수 있다.

그런데 성공에 대해 대화를 나눌 때에는 즐겁지만, 실패에 대해 나눌 때에는 에너지가 떨어지고 좌절감이 되살아날 수 있으므로 조심해야 한다. 실패에 대해 나눌 필요가 있는 때란 실패를 통해 배우기 위한 것, 교훈을 얻기 위한 때이다. 과거의 경험으로부터 배우고 교훈을 얻어서 직면해 있는 사안을 해결할 수 있는 대안을 찾아내는 것은 전혀 새로운 대안을 찾는 것만큼이나 유용하다. 즉 과거의 경험이 아주 귀한 자원이 되는 것이다.

- 과거에 이런 일을 할 때 어떤 강점(방법)을 사용했나요?
- 실패로부터 얻은 교훈과 깨달음은 무엇인가요?
- 과거보다 더 탁월한 결과를 내기 위해서는 어떤 노력이 필요한가요?
- 지금까지 사용했던 최고의 전략은 무엇인가요?

긍정적인 면에 집중시키기

긍정 질문은 화자의 긍정적인 면, 사안의 해결 가능한 방향, 최선의 선택안 등에 초점을 맞추도록 하는 것이다. 그래서 상대가 어떠한 한계에 부딪힐지라도 가능성과 자신의 강점을 보게 하며, 희망과 즐거움을 갖도록 한다. 반면에 부정 질문은 '왜 못했나?' 등의 질책이나 부정의 느낌이 드는 단어가 포함된 질문이다. 부정 질문은 상대의 시각을 부정적인 면에 머물게 하고 좁고 어두운 어감이 느껴지게 한다. 부정 질문은 '두려운 이유는 무엇인가?' '무엇이 문제인가?'라는 식의 표현이다. 이는 과거의 실수나 능력의 한계를 지적하거나 질책하는 듯한 느낌을 주기 때문에 이런 질문을 받는 사람은 변명을 하거나 회피하고 싶은 마음을 갖게 한다. 부정 질문을 받으면 누구나 힘이 빠지고 불행하다는 생각이 들게 마련이다. 즉 문제를 해결하거나 앞으로 나아가게 하는 데 별 도움이 안 된다.

긍정 질문은 사람을 행복하게 만든다. 우리에게 있는 것이나 가능한 것에 눈을 돌리게 하고 그것을 향해 나아갈 수 있는 힘을 준다. 코치는 어떤 사람이든 선한 의도를 가지고 스스로 자기 문제를 해결할 수 있다고 믿고 긍정적인 면에 눈을 돌리도록 긍정 질문을 해 주어야 한다. 사람을 행복하게 만드는 원리는 아주 간단하다. 사람들은 자기에게 없는 것을 생각하면 부족하고 불행하다고 생각하지만, 자기가 가지고 있는 것을 생각하면 감사하고 행복하다고 생각한다. 이것은 어떤 상황이든지 긍정적으로 해석하고 긍정적인 면과 가능성을 바라보는 시각에서 생기는 결과다.

두 아들을 가진 어머니가 일 년 내내 울면서 살았다는 슬픈 옛날 이야기가 있다. 이 어머니의 두 아들 중 한 명은 짚신 장수이고, 한 명은 우산 장수다. 비가 오면 짚신 장수 아들의 장사가 안 되는 것이 안타까워서 울고, 날이 좋으면 우산 장수 아들이 힘들어지는 것이 불쌍해서 우는 것이다. 이 어머니가 부정적인 시각이 아니라 거꾸로 긍정적인 사람이었다면 이야기는 완전히 달랐을 것이다. 즉 비가 오면 우산 장수 아들이 잘되서 즐겁고, 날이 좋으면 짚신 장수 아들이 잘되서 행복하다는 이야기로 전해졌을 것이다.

대부분 사람들도 이 어머니처럼 부정적인 면에만 집중하며 살아 간다. 코치는 이렇게 부족한 것과 불가능한 것만 보는 습관이 있는 사람들에게 긍정 질문이나 솔루션 질문을 해서 시각을 바꾸어 줄 수 있다. 자신은 안 된다고 완고하게 고집부리는 사람, 절망에 빠 져 있는 사람에게 아주 작은 가능성이나 긍정적인 실마리를 찾아 내서 희망과 꿈을 가질 수 있도록 돕는 사람, 그런 사람이 바로 코 치다.

- 자신이 좋아하고 잘할 수 있는 것은 무엇인가요?
- 언제 어떨 때 가장 힘이 나나요?
- 사람들에게 자랑하고 싶은 것은 무엇인가요?
- 충족감이나 행복한 기분이 들 때는 언제인가요?

07.
셋째 질문: 깊이 들여다보게 하는 질문

갭을 발견하고 의미 찾기

어떤 사건에 대한 반응은 네 가지 영역에서 나타난다. 즉 생각, 행동, 감정 그리고 신체 반응이다. 특히 행동 중에서도 말이 미치는 영향력은 크다. 어떤 말을 하느냐에 따라 생각과 감정과 신체 반응이 달라진다. 긍정적인 말을 하게 되면 사고도 긍정적으로 바뀌고 감정도 신체 변화도 긍정적으로 변한다. 행동과 사고와 감정과 신체 반응은 같은 방향으로 가게 되어 있다. 그러므로 나를 변화시키기 위해서는 긍정적인 생각과 말을 해야 한다.

성공한 사람들도 긍정적인 언어를 많이 사용한다. 긍정적인 말을 하는 동안 자신도 모르게 에너지가 바뀌고 밝고 생동감 있는 모습을 보면서 주위 사람들의 시선도 바뀐다. 그런 긍정적인 시선은 다시 본인에게 되돌아와서 긍정적인 에너지를 배가시킨다.

그런데 사람들의 이야기를 가만히 듣다 보면 말과 말 사이, 상황

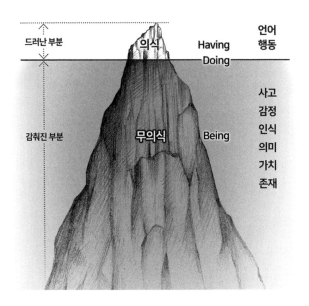

의식과 무의식의 영역

과 상황 사이에 차이와 모순이 발견될 때가 많다. 수면 위에 나타
나는 말과 행동의 불일치 또는 말과 태도와 표정의 불일치를 인식
하면 빙산 아래에 숨겨진 중요한 단서들을 찾아낼 수 있다. 다시 말
해 말이나 행동으로 나타나지 않는 이면의 감정, 사고, 인식, 의미,
가치, 존재 등의 상태를 깊이 들여다 보면 변화와 성장을 위한 중
요한 열쇠를 찾을 수 있다.

많은 경우 말을 하고 있는 당사자는 자신의 말에 모순과 차이가
있다는 것을 알지 못하는 경우가 많다. 또 어떤 경우에는 스스로 알
지만 의도적으로 숨기거나 회피하려고 하는 과정에서 발생되기도
한다. 어느 경우에 해당되든 상관없이 코치는 세밀한 관찰을 통해

이러한 차이를 발견하고 그것의 의미를 탐구할 필요가 있다.

이런 사인들을 그냥 지나치지 않고 그 의미를 탐구하다 보면 과거의 부정적인 습관이나 상처에 도달하여 성장을 방해하고 있는 수많은 장애들로부터 해방되는 일도 종종 있다. 사람들의 몸은 무의식적으로 과거의 경험과 부정적인 습관들을 나타낸다. 그러나 당사자는 그것을 모르기 때문에 스스로 모순된 갭을 해결하기 힘들다. 그래서 대화를 이끌어 가는 사람은 상대가 그것을 인식할 수 있도록 도와주고 그 갭으로부터 배우고 깨닫는 계기를 만들어 줄 필요가 있다. 사람들의 모순된 갭을 발견하고 거기서부터 중요한 실마리를 찾아내는 질문들은 다음과 같다.

- 당신 마음에 어떤 감정이 일어나고 있습니까?
- 당신은 힘들다고 말하면서 미소를 짓고 있어요. 이 상황은 무엇을 의미하나요?
- 당신은 좀 전에 동료와의 갈등 때문에 회사 가기 싫다고 했지만, 지금은 일이 안 맞아서 회사 다니는 것이 고통스럽다고 말하고 있어요. 진짜 당신을 힘들게 하는 것은 무엇인가요?
- 당신이 이미 해 오던 방법과 이 방법은 무엇이 다른가요?

연결하여 생각하기

사람들은 사소한 문제와 중요한 문제를 구분하지 못하고 혼동할 때가 많다. 이 이야기를 했다가 저 이야기를 했다가 하면서 갈피를 못 잡는 것이다. 이럴 때에는 이야기와 이야기의 연결점을 찾아서 그것이 어떤 의미인지, 그 사안들이 얼마나 중요한지 알 수 있도록 도울 필요가 있다.

우리가 평소에 깊이 관찰하고 생각하다 보면 직관과 통찰이 발달된다. 직관은 무의식적으로 또는 순간적으로 알게 되는 것을 말한다. 즉 촉이나 감을 통해 자연적으로 알게 되는 경우다. 사람들은 직관이 생겼을 때 어디서 그런 생각이 나왔는지 물어보면 "왠지 저절로 그런 생각이 떠올랐어요"라고 말한다. 그런데 통찰은 좀 더 깊이가 있고 의도적인 노력에 의해 일어나는 것이라고 할 수 있다. 통찰은 일부러 깊이 생각하고 상황과 상황의 연결점을 찾고 의미와 의미 사이의 또 다른 의미를 찾으려는 노력의 결과로 얻어지는 것이다. 다시 말해 통찰은 과거의 경험과 현재의 상황을 연결하여 미래에 일어날 최고의 결과를 예측하는 힘이다.

이처럼 무엇인가 연결된 것을 탐구하는 것에는 많은 유익이 있다. 앞서 갭을 인식하고 그 의미를 찾는 것과 연결된 의미를 찾는 것은 동전의 양면과 같다. 이것은 같은 것의 다른 표현이기도 하다. 어쨌든 사람들을 잘 돕기 위해서는 이러한 순간을 잘 관찰하고 그것의 의미를 통찰하여 그것으로부터 변화와 성장의 계기를 만들어

내는 과정이 필요하다. 생각해 보면 사람을 깊이 관찰하고 유의미한 차이와 연결점을 찾는 것이 바로 사람을 돕고 변화시키고 성장시키는 중요한 출발점이 된다는 것이다.

다음은 사안이 자신의 가치에 어떤 연관이 있는지를 인식하고 더 중요한 것을 식별할 수 있도록 하는 질문이다.

- 지금 말한 것이 당신의 삶에 얼마나 중요한 것인가요?
- 지금의 실수가 당신의 존재 가치에 어떤 영향을 미치나요?
- 지금 말한 것 중 사소한 것은 무엇이고, 중요한 것은 무엇인가요?
- 당신의 생각하는 건강한 모습과 지금 느끼고 있는 스트레스는 어떤 연관이 있나요?
- 당신의 프로젝트와 상사는 어떤 연관이 있나요?
- 인간관계를 잘하려고 하는 의도와 긴장된 마음은 어떤 연관이 있나요?

생각 방식 깨닫게 하기

사람들에게 깨달음을 주는 질문을 많이 했던 소크라테스는 인간을 '이성을 가진 동물'이라고 했다. 그리고 아리스토텔레스는 '사회적 동물'이라고 했고, 파스칼은 '생각하는 갈대,' 프랭클린은 '도구를 사용하는 동물'이라고 했다. 어느 뇌과학자는 '인간이란 대뇌

피질, 즉 뇌를 가진 동물'이라고 말했다. 대뇌생리학에서 인간의 뇌 세포는 140억 개나 된다고 한다. 이것은 오스트리아 빈 대학의 교수 콘스탄틴 폰 에코노모Constantin von Economo 박사에 의해 산출된 숫자다. 그러나 많은 사람들은 그 3퍼센트인 4억 2천만 개 정도밖에 사용하지 않는다는 주장도 널리 받아들여지고 있다.

이렇듯 인간이란 엄청난 잠재력과 탁월성을 지닌 존재로 태어나지만, 어떤 분야에 천재성을 가지고 있는지를 밝혀내는 것은 쉽지 않다. 우리는 살아 오면서 배우고 경험하는 과정에서 자기만의 독특한 생각과 신념을 갖게 된다. 또 그것이 일정한 패턴을 나타내면서 그 사람의 개성을 만들어 낸다. 이런 자기만의 생각과 철학, 믿음, 습관 등은 자신의 스타일과 고집으로 표현된다. "나는 원래 그런 것 싫어해" "나는 이런 걸 특히 좋아해"와 같이 사람들은 자신의 스타일과 선호를 표현한다. 그래서 나만의 선호나 생각 방식은 나의 가치를 나타내는 것이기도 하지만, 다른 사람과 구별되는 차별성, 즉 개성을 만들어 내기도 한다. 이렇게 자신의 스타일이 명확한 사람은 사람들에게 개성이 있고 멋진 사람이라는 인상을 준다.

그런데 이러한 나만의 스타일이 어떤 경우에는 자신의 생각과 성장의 폭을 좁히고 다양성과 새로운 변화를 위한 행동을 방해하기도 한다. "나는 원래 많은 사람들 앞에서는 말을 잘 못해요" "나는 원래 일이 정확하게 마무리되지 않으면 잠을 못 자요" 같은 표현은 자신이 어떤 것에 한계가 있는지, 무엇을 타협하지 못하는지 말하고 있는 것이다. 이런 자기만의 고집이 견고할수록 외부적으로 다른 사람의 의견을 받아들이는 데 제한이 있고 외부 대응력이 떨어질 수밖에 없다. 특히 자기만의 사고방식이 편협할 때에는 일도 잘 안 풀리고 인간관계에서도 자주 갈등을 겪게 된다. 이 경우 자신의 상황이나 생각을 일반화하면 쉽게 풀릴 문제도 혼자서 끙끙대면서 해결하려고 하기 때문에 난항에 빠지기도 한다.

이럴 때 우리는 관점 바꾸기 질문으로 사람들이 다른 시각을 갖게 하고, 객관적인 입장에서 자기 자신과 상황을 바라봄으로써 의식을 확장하도록 도울 수 있다.

그 사람에 대한 당신의 생각은 무엇입니까?

- 사람들은 당신의 언행에 대해 어떻게 반응할까요?
- 그 사람이 그렇게 한 이유는 무엇이라 생각하십니까?
- 그에 대해 당신이 주관적으로 해석한 것은 무엇입니까?
- 실제 어떤 일이 일어났습니까?

관점 바꾸기

아인슈타인의 위대한 과학적 발견도, 국가 간의 전쟁과 세계대전도 처음에는 한 사람의 생각에서 시작되었다. 잘못된 하나의 생각이 한 사람을 바꾸고 한 가정을 바꾸고 한 사회와 한 나라를 넘어 전 세계를 혼란에 빠뜨린다. 어떤 현자는 이렇게 말했다.

우리는 곧 우리가 생각하는 그 자체다. 우리 존재의 모든 것은 생각과 함께 생겨난다. 이 생각으로 우리는 이 세계를 만든다.

우리의 생각 방식과 관점을 바꾸어 주는 질문들은 이렇게 세계적인 현자나 리더들과 같은 탁월한 생각과 통찰을 일으켜 준다.

머리가 토끼로 보이기도 하고 다른 시각에서 보면 오리로 보이는 아래 그림처럼 사람들의 상황이나 입장에는 다양한 면을 포함하고 있다. 서로 다른 정당이 자신들의 목적을 이루기 위해 다른 정

시각의 차이

당과 격하게 논쟁하고 대치하는 것도 깊이 들여다 보면 같은 목적을 이루기 위함일 때가 많다. 인간관계의 갈등, 자신과의 싸움도 모두 가치와 시각의 차이에서 벌어지는 것이다. 그래서 우리가 상황이나 사람을 보는 시각 및 생각 방식을 바꾸면 갈등들은 순식간에 사라진다. 만약 우리의 고집을 인식하고 내려놓는다면 업무 처리 방식, 대인 관계 방식, 살아가는 방식이 바뀌게 될 것이다. 이렇게 관점을 바꾸는 일은 사람들의 삶에 큰 변화를 일으킨다.

코치의 질문이나 피드백을 통해 전에는 못 보던 것을 보고 생각하지 못했던 것을 생각하게 되었다면 이것은 관점에 변화가 생긴 것이다. 아무리 어려운 상황일지라도 나의 시각이 아니라 다른 사람의 시각과 다른 각도로 바라보면 새로운 대안을 찾을 수 있다. 위에서 보고 아래에서 보고 왼쪽에서 보고 오른쪽에서 보는 등 다른 시각으로 상황을 보게 되면 평소에 혼자 볼 수 없었던 많은 것을 볼 수 있다. 그것을 통해 상대가 무엇을 찾을 것인지는 알 수 없다. 그러나 분명한 것은 누군가 관점을 바꾸는 질문을 해 줄 때 확실하게 질문을 받은 사람의 관점 변화가 일어난다는 것이다.

우리가 여행을 갔다가 돌아오면 상황이 여행 가기 전과는 다르게 느껴진다. 이것은 우리의 몸과 마음이 완전히 다른 환경에 몰입했다가 돌아오는 사이에 시각이 바뀌었기 때문이다. 관점 변화를 위한 질문은 여행처럼 상대에게 새롭고 흥미롭고 어떤 경우에는 낯설고 도전적이기도 하다. 다양한 면을 볼 수 있도록 다양한 방향의 질문을 할 때 상대는 다양한 각도에서 그 상황을 바라보면서 종합적이고 객관적인 시각이 생기고, 그로부터 깊은 통찰과 솔루션이 창출될 수 있다. 그러한 통찰이 우리를 최고의 결과로 연결해 준다. 우리는 다음과 같은 질문을 통해 관점 변화를 도울 수 있다.

- 이 이야기를 통해 어떤 깨달음이 있었나요?
- 이 문제를 전혀 새로운 관점으로 본다면 어떤 생각이 떠오르나요?
- 당신의 상사라면 이 상황을 어떻게 처리할까요?
- 하늘을 높이 날고 있는 독수리의 눈으로 이 상황을 바라본다면 무엇이 보일까요?
- 상대는 당신에게 무엇을 기대하고 있을까요?
- 상대는 어떤 의도로 그런 말을 했을까요?
- 당신이 깨달은 것을 바탕으로 어떻게 다르게 행동할 수 있을까요?

이렇게 코치가 관점 전환을 위한 질문을 하게 되면 상대는 의식 확장이 일어나면서 '아하' 하는 순간이나 '직관과 통찰'이 일어나는 순간을 경험하게 된다. 그런 가치 있는 순간을 경험하면서 고객은 다음과 같이 말하게 된다.

- 아하, 바로 그거예요!
- 아! 방금 무엇인가 생각났어요.
- 아참, 그렇지!

사람들은 코치의 의식 확장 질문을 받고 통찰이 생기면 이렇게 '아하!' 하며 통찰을 표현한다. 이때 '아참, 그렇지' 하고 고객의 내면에서 변화와 깨달음이 일어나고 있는데, 코치가 계속 말하거나 다른 질문을 한다면 고객은 중요한 깨달음을 정리할 순간을 놓치게 되기 때문에 주의해야 한다. 고객의 내면에 깊은 깨달음이 올 때는 스스로 정리할 수 있도록 침묵하고 기다려 주어야 한다. 이럴 때 코치는 잠시 후 고객의 깨달음과 통찰을 직면한 문제의 해결에 어떻게 접목할지 질문해 준다면 깨달음을 곧바로 행동으로 연결할 수 있도록 도울 수 있을 것이다.

08.
넷째 질문: 작게 세분화하는 질문

작게 세분화하기

허공에 뜬 목표나 실현 불가능한 목표는 목표라 할 수 없다. 현실적으로 달성할 수 있는 목표여야만 진정한 목표라 할 수 있다. 실패한 사람들은 새롭게 시작하는 것을 두려워한다. 그러나 성공한 사람들은 가능성이 보이면 즉시 시작한다. 성공한 사람들은 가능한 목표를 세우고 실패한 사람들은 불가능한 목표를 세운다. 우리도 무언가 성공적인 결과를 만들고자 한다면 처음부터 가능성이 있는 명확한 목표와 계획을 세워야 한다.

네 가지 방향 중 마지막인 '작게 세분화하기'는 목표와 실행에 관한 것이다. 지금까지 확장하고, 넓히고, 깊이 탐색하는 과정을 통해 찾아낸 값진 진주와 같은 해결 과제와 전략들을 이제 실에 하나하나 꿰는 작업이라고 할 수 있다. 코치는 코칭 과정에서 고객의 목표를 이루기 위한 자원과 방법을 충분히 찾아보고, 또한 그 실행과 성장을 방해하는 내적인 요인과 외적인 요인들에 대해서도 탐색했다. 목표를 이룰 수 있는 최적의 대안이 무엇인지 명확해지면 이제 즉시 실행할 수 있는 계획을 세우는 단계로 나아갈 수 있다. 다양한 대안들 중 고객이 선택한 가장 시급하고 중요한 대안이 고객의 가치를 어떻게 올려 줄 수 있는지 생각하면서 실행 계획을 세운다면 더욱 효과적일 것이다.

행동 목표 정하기

행동에는 목표가 있고, 목표에는 그것을 달성하기 위한 계획이 있다. 즉 행동을 시작할 때에는 구체적인 계획을 세울 필요가 있고, 그 계획의 성공 여부는 계획의 치밀함에 의해 좌우된다. 그래서 가장 합리적인 계획과 자기 역량에 적합한 계획을 세울 때 그 계획은 성공하게 된다.

앞의 단계에서 다양한 자원을 찾아보고 중요한 전략들을 도출했다면 이제 그 중에서 가장 효과적이고 시너지가 높은 것, 실행하기 쉬운 것을 선택하여 실행 계획을 세울 차례다. 이때 가장 먼저 해야 할 것은 실행에 옮길 우선순위를 선택하여 그것을 구체적인 행동으로 표현하는 것이다. 예를 들면, '깊은 계곡을 안전하게 건널 수 있는 방법 찾기'가 목표였다고 하자. 그것을 위한 방법으로 '멀리 돌아가기' '나무다리를 만들어 건너가기' '건너는 것을 포기하고 다른 길로 가기' '누군가 다리를 놓을 때까지 기다리기' 등의 대안을 내놓았다면 이 대안 중 하나를 선택하여 실제로 실행할 수 있는 행동 목표를 정하는 단계로 넘어가야 한다. 상대가 우선순위를 '나무다리를 만들어 건너가기'로 정했다면 그것이 바로 행동 목표가 된다.

- 다양한 대안들 중 어떤 것이 가장 중요한가요?
- 가장 먼저 실행할 수 있는 것은 어떤 것인가요?
- 목표를 이루는 데 가장 영향이 큰 실행안은 무엇입니까?
- 목표를 이루기 위해 즉시 실행할 것은 무엇입니까?

이렇게 가장 중요하고 실행 가능한 행동 목표를 정했다면, 실행하는 데 필요한 정보를 모으는 작업도 필요하다. 실행해 나가는 과정에서 예상되는 장애 요인들은 무엇인지, 만일 예상치 못한 문제점이 발생된다면 어떻게 대처할지 등에 대해서 생각해 보는 것이다. 실행에 도움이 되거나 반대로 방해가 될지 모를 요인들을 미리 점검하는 것은 실행을 더 쉽고 확실하게 해 준다. 이러한 과정을 거치면서 실행 가능한 가장 효과적인 행동을 선택한다면 고객은 바로 실행할 준비가 된 것이다. 이렇게 행동 목표를 구체적으로 정리한 후에는 그것을 이루었을 때의 모습을 상상해 보는 것도 실행하고자 하는 열정을 확장시킨다. 예를 들면, "이것이 완성되면 어떤 기분이 들까요?" "이것을 완성하면 사람들이 뭐라고 인정해 줄까요?" 등의 질문으로 상대가 완성했을 때의 느낌을 가슴으로 느낄 수 있도록 도울 수 있다.

계획 수립하기

계획 수립은 목표를 이루기 위한 구체적이고 전략적인 계획을 단계적으로 세우는 것이다. 행동 목표를 정한 후에는 이어서 이것을 실제로 실행할 수 있는 계획을 세우는 단계가 필요하다. 여기서는 그것을 언제, 어디서, 어떻게, 몇 번, 언제까지 할 것인지 등 수치적으로 확인할 수 있는 구체적인 계획이 필요하다. 목표 수립 시에도 'SMART' 하게 구체적인 행동으로 나타낼 필요가 있다. 하지만 실행 계획에서는 더욱 디테일하게 실행 과정을 세분화하고 실행이 쉽도록 환경을 조성하는 일이 필수적이다.

SMART 계획

S(Specific): 구체적, 무엇을 달성할 것인지 분명하게
M(Measurable): 측정 가능, 어느 정도 달성되었는지를 분명히 알 수 있게
A(Action Oriented): 행동 지향적, 무엇을 해야 하는지 행동을 명확하게
R(Realistic): 현실적, 실제로 실현 가능한 것으로
T(Timely): 시의적절, 주기적인 시간과 마감 시간 설정

앞의 예를 사용하여 실행 계획을 세운다면 다음과 같은 질문과 대답을 예상해 볼 수 있다.

- 중요한 우선순위 선택하기 - 나무다리를 만들어 건너가기
- 필요한 재료는 무엇인가? - 나무, 밧줄, 못, 망치 등
- 언제 시작할 것인가? - 일주일 뒤 월요일
- 하루 또는 일주일에 얼마나 진행할 것인가? - 일주일에 5일간, 하루 7시간씩
- 언제까지 완성할 것인가? - 1개월 안에

계획 수립 시 오차 없이 확실하게 완수될 수 있도록 세밀한 계획을 짜는 것은 목표를 세우는 것만큼이나 중요하다. 만일 이 단계를 구체화하지 않고 가볍게 대략적인 방향만 잡고 대화를 끝낸다면 상대는 시간이 지남에 따라 새로운 시도를 접고 다시 옛날에 익숙했던 패턴의 삶을 살게 될 것이다. 그러면 결국 새로운 변화나 성장을 이루지 못할 가능성이 커진다.

실행 책임지기

목표를 달성하기 위한 작은 단위의 행동 목표가 명확해지고 단계별로 구체적인 계획이 세워졌다. 이제 코치는 고객이 이것을 중

단하지 않고 지속적으로 진행할 수 있도록 함께 책임지는 환경을 조성할 필요가 있다. 많은 사람들이 크고 작은 목표를 세우지만 이루지 못하는 이유는 실행 과정을 지지해 주고 점검해 줄 사람이 없기 때문이다. 혼자서 목표를 세우고 혼자서 결심하면 그것을 이루지 않아도 전혀 부담이 없다. 작심삼일이라는 말이 있듯이 아무리 훌륭한 목표를 세우고 계획을 효과적으로 잘 세운다 해도 실행이 지속되지 않는다면 무용지물이다. 그래서 코칭에서는 실행을 반복적으로 이행하고 지속하여 목표를 달성할 때까지 함께 격려해 주고 지지해 줄 상호 책임자를 정하는 것을 빼놓지 않는다. 코치는 고객의 목표가 이루어질 때까지 정기적으로 만나서 점검하고 인정과 칭찬을 통해 진행 과정을 격려하며 파트너가 되어 주어야 한다. 만일 코치를 지속적으로 만날 상황이 안 된다면 대신 고객 주변에서 이 역할을 해 줄 수 있는 다른 사람을 찾아야 한다.

우리의 고객이 목표는 잘 세우지만 실행이 잘 안 되는 사람이라면 친구나 가족의 도움을 얻는 것이 효과적이다. 코치를 주기적으로 만날 수 없는 상황이라면 주변 사람들에게 자신의 계획이 무엇인지 말해 주고 잘되어 가는지 정기적으로 점검하고 격려해 달라고 부탁할 필요가 있다. 자주 볼 수 있는 가까운 사람이 함께 점검해 준다면 고객은 실행을 지속해 갈 수 있다. 이렇게 정기적으로 점검하며 지지와 격려를 해 주는 기능을 코칭에서는 '상호 책임'이라고 한다.

상호 책임을 지는 방법으로는 "저의 목표와 계획이 잘 진행되고 있는지 주 1회 정도 저에게 물어봐 주세요" 하고 부탁하는 것이다.

삶의 여정에서 함께 격려하고 지지해 줄 파트너를 찾는 것은 성장과 발전을 위해 너무도 중요한 일이다. 상호 책임을 져 줄 파트너로서 자신과 비슷한 목표를 가지고 있는 동료를 찾을 수 있다면 더욱 좋다. 또한 비슷한 목표를 가진 사람끼리는 서로 진행을 공유하고 지지와 격려로 힘이 되어 줄 수 있다. 누군가 자신의 성공을 위해 지지하고 격려해 주는 사람이 있다면 삶이 더욱 의미 있고 가치 있고 행복할 것이다.

서로가 걱정해 주고 지지해 주고 격려해 주면서 상호 책임을 져 줄 수 있는 그룹을 찾는 것도 좋다. 세상에는 자신의 꿈과 목표를 위해 노력하는 사람들이 많이 있다. 소설 쓰기, 운동하기, 체중 감량하기, 책 읽기, 연구하기, 등산하기, 사진 찍기 등 갖가지 선호와 취미와 꿈을 가진 사람들이 있다. 그래서 관심사와 지향하는 바가 같은 사람들끼리 모이면 서로 성장의 에너지를 받을 수 있다.

다음의 질문은 고객이 실행과 진행 과정을 스스로 책임지도록 도울 수 있다.

- 약속을 지키기 위해 사용할 수 있는 자원은 무엇입니까?
- 누구에게 지원을 요청할 수 있습니까?
- 행동을 취하는 데 제거해야 할 장애물은 무엇입니까?
- 자신에게 한 약속을 잘 이행했던 과거 성공 경험은 무엇입니까?
- 이것을 달성하기 위해 당신이 지켜야 할 사고방식은 무엇일까요?
- 이 실행은 언제까지 지속할 것입니까?
- 실행 약속을 지키지 않으면 어떻게 대처할 수 있습니까?

앞의 질문에서 "실행 약속을 지키지 않으면 어떻게 대처할 수 있습니까?"라는 마지막 질문은 고객이 약속한 것을 수행하지 못할 때 사용할 수 있다. 코치는 고객이 동의한 행동을 하지 않았을 때 긍정적인 분위기를 유지하기 위해 어려운 말을 피하는 것이 아니라 중립적인 방법으로 그 사실을 직면시키는 노력을 해야 한다. 고객이 실행하기로 약속한 사항을 자주 이행하지 않는다면 그만큼 코칭을 통한 변화나 성장은 힘들어지기 때문이다. 이와 같이 실행 책임이란 사람들의 변화와 성장을 위해서 구체적인 실행 계획을 세우고 실행 과정을 함께 책임지는 것을 말한다.

코치는 코칭의 마지막 시점에서 고객과 실행에 대한 책임을 확인함으로써 세션을 마무리하게 된다. 이때 실행에 대한 고객의 우려나 개발점, 결정할 수 있는 능력 등에 대해서도 점검해야 한다. 또한 실행하기로 한 것들의 우선순위를 다시 정리하고 코칭과 실행 과정에서 배움의 속도를 정하고 경험을 통해 얻은 깨달음을 나누면서 마칠 수도 있다.

이렇게 세션의 마지막에는 실행과 진행 과정을 격려하고 지지할 뿐 아니라 점검해 줄 상호 책임자를 정하고 나서 마치게 된다. 그리고 다음 세션 시작 시에는 이 실행 계획이 잘 이행되었는지 확인하는 과정이 필요하다. 전 세션에서 이루어진 것, 안 된 것, 배운 것, 깨달은 것 등을 나누며 인정하고 격려할 필요가 있다. 이와 같이 실행한 것을 통해 얻은 변화나 발전을 확인하고 축하와 격려하는 것까지도 코치의 상호 책임 과정이다.

09.
질문의 틀에 방향을 조합하라

우리는 상대가 원하는 목적과 상황에 따라 4가지 방향으로 질문할 수 있음을 알게 되었다. 질문이 이렇게 다양한 역할을 하고 강력한 효과를 가지고 있다는 것을 이해한다면 잘 사용할 수도 있을 것이다. 단, 질문을 그저 하나의 좋은 지식으로 여기고 이해만 한다면 우리가 필요로 할 때 효과적으로 사용하기는 쉽지 않을 것이다. 이 질문의 효과를 우리가 소유하고 싶다면 이제부터 이것을 나의 일과 삶에서 응용하고 적용하도록 의식적으로 노력하는 일이 남았다. 적어도 우리는 여기서 알게 된 5단계의 질문의 틀, 강력한 질문, 질문의 4가지 방향 등을 기억하며 시시때때로 대화 속에서 응용해 볼 수 있다.

우리는 우선 5단계의 질문의 틀, 즉 5R 코칭 대화 프로세스를 따라 대화를 시작하면서 단계마다 강력한 질문과 질문의 방향에서 의도한 적합한 질문들을 추가하면서 상대의 목적과 의도를 이루어 나가도록 도울 수 있다. 이 5가지 5R 코칭 대화 프로세스는 아주 간

질문의 틀과 방향의 조합도

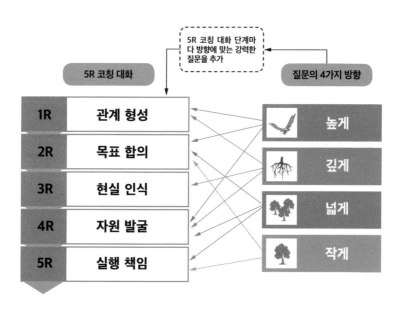

단해서 몇 번 사용하다 보면 쉽게 익힐 수 있다. 또한 높게, 깊게, 낮게, 작게 하는 질문들도 그 의미를 생각하면 쉽게 적합한 질문들을 떠올릴 수 있다. 예를 들면, 누군가 자신의 목표를 이루지 못해서 실망하고 있다면 다시 높은 곳을 바라보며 목표를 위해 재도전할 수 있도록 질문할 수 있다.

만일 대화 도중 상대가 자신의 내면을 깊이 들여다 보고 자각과 깨달음을 얻을 필요가 있음을 알게 될 때 깊은 의식 확장 질문을 해 주면 도움이 될 것이다. 많은 자원이나 다양한 대안을 찾을 필요가 있을 때에는 넓게 질문하고, 세분화하고 단계별로 정리할 필요가 있을 때에는 작게 세분화하는 질문을 해 주면 도움이 된다.

코칭형 리더는 닫힌 질문이나 나 중심의 대화가 아니라 상대가 꿈과 목표를 향해 의식을 확장하고 열정을 가지고 높이 도전하도록 대화할 필요가 있다. 열정이 솟아나는 명확한 목표와 풍부한 자원을 찾고 난 후에는 작은 것이라도 하나씩 실행할 수 있도록 세분화해 주고 실행을 주기적으로 지지하고 격려해 준다면 누구나가 유익을 얻고 변화와 성장을 이룰 수 있을 것이다.

질문의 종합 구조

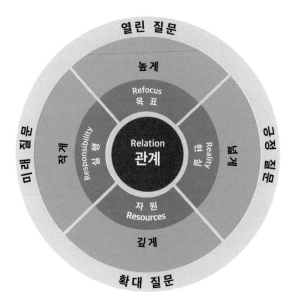

Detail

Deep

Part 5

코치형 리더의
질문의 틀

Hight

Wide

．
．
．

리더들은 조직과 기업을 살리기 위해서
구성원들의 헌신을 100퍼센트 쏟아낼 수 있도록 해야 한다.
그들의 꿈과 가치를 알아 내어
내 조직의 목표와 긴밀하게 일치시키고
바로 이곳에서 그들의 꿈을 성취하고
행복감을 느끼도록 코칭해 주어야 한다.

．
．
．

01.
견고한 각을 버려라

사람들은 사회인으로 성장하는 과정에서 사람들로부터 "자기만의 각을 만들어라"는 이야기를 듣게 된다. 리더들은 자신도 특별한 자기만의 각, 즉 자기만의 특별한 개성과 능력을 나타내는 틀을 만들어서 그것으로 성공했다고 생각하기 때문이다. 한때는 자기만의 고집과 철학을 가지고 우직한 추진력으로 밀어붙이는 사람이 성공하는 시대가 있었다. 그리고 지금도 여전히 그렇게 믿고 밀어붙이는 리더들이 많은 것이 사실이다.

연령층이 높을수록 그러한 문화와 행동 양식을 가지고 살아가는 사람들이 많다. 그들은 자신이 살아온 삶의 방식이 최고라고 자부하면서 주변 사람들뿐만 아니라 다음 세대 젊은이들에게도 그렇게 살아야 한다고 강조한다. 그리고 그러한 생각과 언행을 하지 않는 사람에 대해 유약한 사람이라고 비난한다. 하지만 그들은 자신의 완고하고 시대착오적인 생각과 언행 때문에 사람들이 자신을 멀리하고 점점 소통이 단절되어가는 것을 이해하지 못한다.

강력한 카리스마적 리더십이 각광을 받던 과거와는 달리 지금은 자신의 각을 내세우기보다 겸손하고 유연하고 창의적인 태도를 가진 사람이 환영받는 시대다. 이러한 시대에는 자신의 지식과 방법을 내려놓고 매일매일 변해가는 상황에 유연하게 반응하고 새로운 지식과 방법을 빨리 습득하여 대응하는 태도가 필요하다. 옛말에 '10년이면 강산도 변한다'고 한다. 지금은 1년도 안 되어 전 세계적으로 기술과 제품과 환경이 변하고, 사람의 마음도 변하는 시대다. 지혜로운 사람들은 이미 시대의 흐름을 파악하고 사회의 요구에 맞게 자신의 역량을 바꾸고 강화시켜 나가고 있다. 그들은 열린 마음과 생각으로 시대가 요구하는 새로운 틀을 받아들이고 그 위에 올라서서 새로운 방법으로 영향을 끼치려고 한다.

20세기가 전문가의 시대였다면 21세기는 통합의 시대다. 이제 어느 것 하나만 잘하는 것으로는 탁월하다는 평가를 받기 어렵다. 과거의 경험이나 전문성만으로는 이렇게 빠른 변화를 따라갈 수 없다. 옛날에는 나만의 개성을 살리고 각을 세우는 것이 멋있어 보이고 영향력이 있었지만, 지금 시대는 견고한 각을 버리고 다른 것을 쉽게 받아들이면서 다양한 것을 통합하고 연결하여 새로운 창조를 만들어 내는 유연한 사람이 환영 받는다. 우리가 새로운 것을 얻고 싶다면, 또 더 나은 사람으로 변화되고 싶다면 나의 고집과 내가 옳다고 주장하던 성공 신화를 내려놓아야 한다.

02.
상황에 맞는 역량을 개발하라

5G, 인공지능, 빅데이터 등의 신기술이 과거의 모든 생활 방식을 대체하고 있다. 사람이 하던 일을 로봇이 하나씩 접수해 가면서 사람의 노동력이나 지능의 경쟁력이 나날이 떨어지고 있는 지금, 기업이나 경영자들이 구성원들에게 바라는 것은 단순하다. 다름 아닌 융복합형 인재다. 미국의 작가 윌리엄 깁슨William Gibson은 오래 전 미래의 메가트렌드megatrends는 '멀티'라고 말하면서 2025년 이후에나 일어날 미래의 일로 이야기했다. 그러나 지금이 바로 그 미래이고 지금의 사회야말로 멀티 펑션multi-function인 사람들, 즉 로봇도 대체할 수 없는 창의적이고 융복합적인 다기능을 가진 사람들이 대세다.

지금은 종적으로는 리더십과 팔로워십을, 횡적으로는 스페셜리스트와 제너럴리스트를 융복합통섭한 인재를 요구한다. 직원들은 회사가 언제 어떤 임무를 부여하든 일단 긍정하고 수용하는 자세를 갖출 때 경쟁력이 있게 마련이다. 다시 말하자면 자신의 각보다는 멀티 역량을 갖춘 태도만이 기업의 성과를 효과적으로 올릴 수 있고, 조직의 시너지를 극대화할 수 있다.

『아웃라이어』의 저자 말콤 글래드웰 Malcolm Gladwell은 이렇게 말했다. "우리가 인재에 대해 알고 있는 것은 전부 틀렸다." 이 말은 언제 어떤 상황에서나 일관되게 인정되는 절대적인 인재는 없다는 말이다. 즉 특정 장소, 환경, 상황에 따라 인재의 조건과 인재상은 달라진다는 의미다.

학식이 풍부한 어느 철학자가 강을 건너려고 나룻배를 탔다. 노를 젓는 남루한 차림의 뱃사공을 물끄러미 바라보다가 깔보듯이 물었다.

"당신 철학을 배워 봤소?"

철학자의 물음에 뱃사공이 머리를 가로저으며 대답했다.

"저는 철학을 공부하지 못했습니다."

그러자 철학자가 빈정거리듯 말했다.

"한심한 사람이군. 자네는 인생의 3분의 1을 헛산 것이야."

잠시 후 철학자는 또다시 뱃사공에게 질문했다.

"그렇다면 문학에 대해서는 공부를 해봤소?"

뱃사공이 대답했다.

"공부할 여력이 없어 문학을 배우지 못했습니다."

"그렇다면 인생의 3분의 2를 헛산 것이야."

그런데 나룻배가 강의 중간쯤 건널 무렵 갑자기 배 밑바닥 틈새로 물이 들어오기 시작하면서 배가 기우뚱거리고 가라앉으려는 것이 아닌가!

"아니, 이 배가 왜 이런가?"

당황하는 철학자의 물음에 사공은 느긋하게 대답했다.

"아무래도 배가 침몰할 것 같습니다."

"아니, 그럼 어쩌면 좋은가?"

목숨의 위험을 느낀 철학자가 겁에 질려 허둥대자 뱃사공이 그에게 물었다.

"선생님, 혹시 수영은 배우셨나요?"

철학자는 수영을 배운 적이 없다고 했다. 그러자 뱃사공이 단호하게 일침을 가했다.

"선생님은 인생 전체를 헛사셨군요."

이 우화에서 우리는 상황에 따라 능력의 중요성이 달라진다는 교훈을 얻을 수 있다. 지금 시대에는 나룻배를 탄 철학자와 같은 특별한 각을 가진 인재가 오히려 어려움을 겪는다. 다니엘 핑크Daniel Pink는 20년 전부터 이미 "사회는 좌뇌를 사용하는 전문 지식 중심의 인재보다 우뇌를 사용하는 창의적이고 감성적인 인재를 원하고 있다"고 말했다. 즉 디자인, 스토리, 조화, 공감, 놀이, 의미가 비즈니스에서 중요한 역량이 된다는 뜻이다. 사실 4차 산업의 한가운데 있는 현재 사회가 요구하는 인재의 기준은 또 바뀌어 우뇌뿐만 아니라 좌뇌까지도 탁월하게 사용하도록 요구하고 있다. 이렇게 현대는 과거와 비교할 수 없을 만큼 높은 수준의 인재를 필요로 하는 복잡하고 고도화된 사회다. 그럼에도 임원급 이상의 리더들은 저마다 특별한 각을 가지고 있고, 현재나 미래나 여전히 그것이 유용할 것이라고 굳게 믿고 있다. 다루어야 할 스킬, 시스템, 동기 부여 방법 등이 바뀌어 가고 있는 지금, 자신이 배우고 익혀 온 방법이 옳다고 믿고 그 생각을 고수해 오던 사람들은 패닉에 빠졌다. 그 생각과 방법들이 이제 현업에서 더 이상 작동되지 않는다는 것을 알게 되었기 때문이다.

03.
개인의 꿈과 조직의 목표를 일치시켜라

지금은 사람들이 부나 명예, 엄청난 성공을 행복의 기준으로 삼기보다 개인의 가치 실현과 개인적인 삶의 충족감을 행복의 기준으로 삼는 시대다. 사람들은 옛날처럼 평생을 희생해서 배우자나 자녀를 성공시키는 것만으로 보람을 느끼며 생을 마감하는 것이 아니라 개인의 권리와 행복을 우선시한다. 아무리 가까운 사람일지라도 서로에게 부담을 주지 않는 것을 미덕으로 여기고 개인의 존엄성과 행복을 우선시한다. 그것이 바로 옛날 사람들과 현대인의 차이다. 옛날에는 가족이나 회사·상사·국가의 유익을 위해서, 즉 대의를 위해서 개인의 권리나 행복을 뒤로하는 것이 당연시 되었지만 이제는 달라졌다. 추구하는 가치가 물질 중심적인 데다 돈만 있으면 다 해결해 줄 수 있다고 믿기 때문에 대의명분도 그다지 신경 쓰지 않는다.

사람들을 다루는 리더들은 이런 풍조를 무시하고 넘어갈 일이 아니라 현실을 받아들여야 한다. 이러한 사람들에게 어떻게 공동의 목표에 집중하도록 동기 부여를 할 것인지 깊이 고민해야 한다. 어리석은 사람은 과거의 추억에 잠겨 망상 속에서 살고, 지혜로운 사람은 미래 희망을 바라보면서 오늘도 그 방향으로 발걸음을 옮기면서 행복을 성취해 나간다.

행복幸福이란 한자어의 뜻은 '복된 좋은 운수'다. 이것은 행복의 본질이 아니라 행복의 조건을 지칭하고 있다. 우리는 행복의 조건이 아니라 그 본질에 대해서 생각해 봐야 한다. 행복의 본질을 추구하는 것이 아니라 행복의 조건만 추구하다 보면 그 과정에서 오히려 불행이 초래된다. 행복은 아이스크림을 먹는 즐거움처럼 가벼우면서 대가의 작품에서 경험하는 영감과 경외감처럼 깊이가 있다. 행복은 고통이 완전히 없는 상태를 말하는 것이 아니다. 오히려 고통의 의미를 이해하고 그것을 통해 성장하려고 노력하는 과정이라고 볼 수 있다. 행복은 '행복'이라는 이름에 붙어 있는 단 하나의 감정이 아니라 삶의 평온함까지도 포함하는 다양한 감정과 상태를 포함하고 있다. 사랑하는 대상으로 인해 가슴이 설레는 상태 또는 자부심으로 충만하여 뿌듯한 순간이라고도 할 수 있다.

진정으로 행복감을 느끼며 사는 사람은 대화의 방향이 다르고 동기 부여 방법도 다르다. 일을 무거운 의무로만 여기거나 타인을 경쟁자라고 생각하면서 긴장 속에 사는 사람은 거의 행복감을 느낄 기회를 갖지 못한다. 현대는 물질문명이 풍족하고 편리해졌지만 그렇다고 사람들의 삶의 만족도나 행복 수치도 그만큼 증가한 것은 아니다. 그래서 현대인들은 자기 나름대로 자신의 행복을 찾기 위해 과거보다 더 이기적이게 되고 개인적인 유익 추구에 집중한다. 나의 가족, 나의 이웃, 내 조직, 내 회사, 내 나라 등을 위해 개인의 유익을 기꺼이 포기하고 목숨 걸고 헌신하는 사람을 발견하기가 그만큼 어려워졌다. 하지만 순간적으로 느끼고 사라지는 행복이 아니라 오랫동안 유지되는 질 높은 행복은 자기 중심의 삶에서는 경험하기 힘들다.

이타심을 갖고 타인을 위해 헌신하거나 대의명분과 공동의 목표를 위해 몰입할 때 질 높은 행복감을 느낄 수 있다. 타인의 유익, 공동의 목표를 위해 몰입할 때 우리는 그것을 헌신이라고 말한다. 이처럼 훌륭한 일에 헌신할 때 우리 안에서는 거대한 힘과 열정이 솟아난다. 나의 열정을 거룩한 일에 쏟아부을 때 인간으로서 진정한 가치와 의미를 느끼게 된다. 지금처럼 개인주의가 존중되는 시대일수록 그 개인들의 힘을 하나로 모으고 동기와 열정을 이끌어 내는 일이 중요하다. 극히 개인주의적인 현대의 인재들이 조직과 기업의 목표를 위해 헌신하게 하는 것이 바로 리더들이 감당해야 할 가장 중요한 일이다.

리더는 조직의 성과를 올리고 구성원의 업무 만족도를 올리기 위해서라도 개개인의 잠재력과 가치를 파악해서 더욱 확장시켜 주어야 한다. 또한 리더들은 구성원들이 진정으로 이루고 싶은 내적 꿈을 알아내고 내 조직의 목표와 일치시켜 이 조직 안에서 그 꿈을 실현하도록 도와야 한다. 사람들은 "지금 하는 일만 마치면 나의 진짜 꿈을 위해 살 거야"라고 말한다. 또 "우리 아이들이 출가할 때까지만 좀 더 참고 이후부터 우리 부부만을 위해 살 거야”라고 말한다. 마찬가지로 우리 구성원들도 ‘이 일만 하고 나면 진짜 내 인생을 살 거야’ 하고 생각하면서 자신의 진짜 에너지와 헌신은 다음에 사용하기 위해 축적해 놓고 있는지도 모른다. 그리고 이곳에서는 그것의 반만 사용하고 있을 수도 있다.

이제 리더들은 조직과 기업을 살리기 위해서 구성원들의 헌신을 100퍼센트 쏟아낼 수 있도록 해야 한다. 그들의 꿈과 가치를 알아내어 내 조직의 목표와 긴밀하게 일치시키고 바로 이곳에서 그들의 꿈을 성취하고 행복감을 느끼도록 코칭해 주어야 한다. 그것이 우리 구성원들을 행복하게 만드는 워라밸 환경이고 리더의 가장 중요한 임무다.

04.
기여함으로써 큰 일을 하게 하라

사람은 자신의 이기적인 목적을 위해 사는 것으로는 궁극적인 행복을 느끼지 못한다. 예쁘고 멋있는 옷도 금방 싫증나고 맛있는 음식도 계속 먹으면 질린다. 좋은 상을 받고 원하는 승진을 해도 또 다른 고민이 닥쳐오면 여전히 고통을 느끼고 좌절하게 된다. 결국 그러한 것들도 성장 과정에서 하나의 목표가 될 수 있고 작은 성공이 될 수는 있으나 궁극적인 행복을 보장해 주지는 않는다.

사람은 사회적인 활동을 해야 행복하다. 다른 말로 하면 누군가와 교류하면서 정을 주고받는 과정이 있어야 행복감을 느낀다. 먹을 것이 많고 재물을 많이 쌓아 놓아도 사람들과 진정한 사랑을 나누는 것에 비할 수 없다. 그래서 사람들은 어릴 때에는 부모의 사랑을 받으며 자라지만 성장한 후에는 자신이 사랑할 누군가를 찾게 된다. 배우자를 만나 가정을 이루고 자녀를 낳고 키우는 과정이 매우 힘들고 에너지 소모도 많지만 행복감도 그만큼 크다. 가족은 내가 선택한 사람들에 대해 조건 없이 인생 최대의 헌신을 쏟아붓는 대상이다. 일터에서 만나는 조직 구성원들도 가족 다음으로 시간과 헌신이 투입되는 대상이다. 그래서 조직구성원들은 종종 가족으로 비유된다. 조직의 성장을 위해 최선을 다해 기여하는 리더가 큰일을 하고 행복 수치도 높은 데에는 바로 이런 이유가 있다.

그러나 이러한 행복과 기쁨은 그냥 저절로 손에 쥐어지지 않는다. 위기와 시련을 경험하고 실패라는 암흑의 긴 터널을 거쳐 온 자들만이 진정한 기쁨과 행복을 이해한다. 내가 아는 조직과 국가와 세계에 기여했던 대부분의 사람들은 이러한 긴 터널을 건넌 적이 있다. 실패의 경험 속에서 자신의 한계를 발견하고 저절로 겸손해진 사람들이다.

『초격차』라는 책에서 삼성 반도체의 신화를 일으켰던 권오현 회장은 자신의 실패담을 이야기한다. 권 회장의 인생에서 세 번의 위기가 있었다고 한다. 그의 청소년 시절에는 시험을 쳐야만 중고등학교에 입학할 수 있었다. 그런데 당시 공부를 잘했는데도 시험만 치면 떨어지는 악몽 같은 경험이 이어졌다고 한다. 어린 나이에 권 회장은 인생이란 게 본인이 원한다고 다 되는 것이 아님을 깨달았다고 한다. 중학교와 고등학교 입학 시험에 떨어졌을 때는 정말 세상이 끝난 것 같았다. 그러나 돌이켜 보면 오히려 시련과 난관은 자신을 돌아볼 수 있는 좋은 기회였다고 말한다.

권 회장에게 닥친 두 번째 위기와 도전은 반도체 관련 연구원으로 일하다가 갑자기 소규모 사업팀을 책임지게 된 때라고 고백했다. 이전까지 그는 반도체를 연구하고 제작하기만 했는데, 사업팀으로 발령이 난 후부터는 반도체를 팔아야 하는 완전히 새로운 업무였다. 연구만 하던 그에게 '장사를 하라'는 임무가 너무 부담스러워서 퇴사를 심각하게 고민했다고 한다. 그러나 '새로운 일에 호기심을 갖자' '도전의식을 가지고 주어진 난관을 극복하자'라고 마음을 다잡고 열심히 노력해서 결국 그 위기를 극복했다고 한다.

이렇게 두 번째 고비를 넘기고 나서 또다시 세 번째 시련이 찾아왔다. 권 회장의 후배가 그의 상사로 발령이 났을 때였다. 학교 후배가 먼저 승진했고, 권 회장은 그 후배에게 업무 보고를 해야 하는 편치 않는 처지에 놓이게 된 것이다. 그때의 심정은 회사가 자신을 내보내려고 한다는 느낌이었다. 그래서 회사를 그만두겠다는 입장을 부하들에게 밝히자 부하 직원이 이렇게 말했다.

"그런 일이 닥치더라도 개인이 아니라 회사를 위해서 함께 일하자고 그렇게 말씀하시더니, 정작 본인에게 그런 일이 닥치니까 그만두시겠다는 겁니까? 그럼 다른 사람들과 다른 게 뭡니까?"

부하 직원의 말에 충격을 받고 이전에 했던 말이 생각났다.

"회사라는 조직은 혼자 일하는 곳이 아니다. 먼저 회사가 잘되고, 그 다음 부서가 잘되고, 마지막으로 본인이 잘되어야 한다. 개인적인 생각이 있더라도 조직이나 회사가 결정하면 따라야 한다."

그는 결국 부하들의 말에 생각을 바꾸어 먼저 '회사와 부서가 잘되게 하는 일'에 몰입하기 시작했다. 그 후로도 후배에게 업무 보고를 하는 인고의 세월은 무려 8년이나 이어졌다. 하지만 그의 '회사와 부서가 잘되게 하는 일'에 대한 책임감과 열정이 그것을 견디게 했고, 오늘날 회사와 자신의 성공을 이루어냈다.

이처럼 남들의 눈에 부러움을 사는 리더들의 화려한 고지 이면에는 위기와 시련을 극복해 온 인고의 세월이 있다. 자신의 체면이나 이익이 아니라 관련자들의 유익과 더 큰 목표를 위해 기여함으로써 위대한 성장을 일구어 온 것이다. 사람은 자신의 목적보다는 공적인 목표를 위해 몰입할 때 더 큰 에너지가 나오고, 그것이 결과로 나타날 때 더 큰 성취감과 행복을 느낀다. 그것은 나와 가까운 사람에게 어려운 상황이 벌어지면 없던 힘과 능력이 나오는 것을 보면 알 수 있다. 특히 가족이 위험에 처하면 무슨 짓이라도 할 수 있는 초인적인 에너지가 나오는데, 그것이 바로 기여하는 사람들에게서 나오는 특별하고도 위대한 힘이다.

코치들은 사회 곳곳에서 위대한 힘을 발휘하려는 사람들이 도전을 피하지 않고 정면 돌파하여 성공을 이루도록 돕는 파트너다. 또 업무 현장에서 어려움을 겪고 있든 잘하고 있는 리더든 모두에게 자신의 생각과 열정을 실현하도록 강력하게 돕는다. 프로의 세계에서는 선수 개인의 힘만으로 우승을 만들어 내기 힘들다. 개개인이 가진 역량과 열정을 정확하게 볼 줄 아는 코치가 옆에서 선수 자신도 알지 못하는 숨겨진 능력과 에너지를 이끌어 내고 결과로 연결되도록 도울 때 우승이 가능하다. 무한 경쟁을 하고 있는 산업계에서 세계 최고의 선수들과 경쟁해야 하는 리더와 구성원들에게는 어떠한 어려움에도 극복하려는 의지를 갖고 온 힘을 쏟아부을 수 있도록 옆에서 응원하고 지지해 주는 코치가 필요하다.

05.
코치 포지션을 유지하라

코치는 경청의 달인이다

시대를 앞서가는 리더는 질문과 경청과 피드백을 효과적으로 사용하는 사람이라고 강조해 왔다. 그런데 코칭을 배우고 다른 사람을 코칭하기 시작한 지 얼마 안 되는 초보 코치들은 어떻게 질문할지에만 정신을 집중하는 바람에 경청이나 피드백의 중요성을 간과하는 실수를 종종 한다. 상대가 무엇을 원하는지, 어떤 상태인지 면밀하게 관찰하고 경청하지 않으면 어떻게 적합한 질문을 할 수 있을까? 그러니 질문에 앞서 필수적으로 주의를 기울여야 하는 것이 경청이다. 경청이 중요하다고 말하면 사람들은 "나는 얼마든지 조용히 참고 경청할 수 있어요"라고 말한다. 그러나 코칭에서의 경청이란 그렇게 가만히 듣고만 있는 것이 아니라 보다 다양한 방법과 적극적인 자세로 듣는 것을 말한다.

경청이란 상대가 말하는 것뿐만 아니라 말하지 않는 것에도 완전히 몰입하여 듣고 상대가 자신을 잘 표현하도록 돕는 능력이다. '우물 안 개구리'나 '장님 코끼리 만지는 식'이 되지 않기 위해선 남의 의견지식을 경청하는 것이 가장 중요하다. 공자는 "말을 배우는 데에는 2년, 경청하는 데에는 60년이 걸린다"고 했다. 그만큼 경청이 잘 안 되고 오래 걸리는 것은 사람의 보이는 모습이나 들리는 소리뿐만 아니라 보이지 않는 마음까지 읽어야 하기 때문이다.

코칭에서 경청을 중요하게 여기는 이유는 먼저 상대의 의제에 집중하여 이해하고 공감하여 관계를 잘 형성하기 위해서다. 또한 코칭의 성과를 잘 이끌어 낼 수 있도록 적합하고 강력한 질문을 하기 위해서다. 타인의 말이나 상황을 경청하고 관찰하는 것은 상대방에게 거울을 비추어 주는 것과 같다. 이렇게 상대를 잘 이해하면 상대에게 가장 유익한 것이 무엇인지도 알게 되고, 그것을 상대 스스로 깨닫고 행동으로 옮길 수 있도록 강력한 질문을 해 줄 수 있기 때문이다.

구체적으로 제대로 된 경청을 하기 위해서는 우선 상대의 눈을 바라보고 고개를 끄덕이며 집중하는 자세가 필요하다. 그리고 상대의 말이 끝나면 그 내용 중 중요한 핵심을 요약하여 잘 듣고 이해하고 있다는 것을 알게 해 주는 노력도 필요하다. 또한 상대의 태도나 자세 및 목소리 톤 등을 맞추어서 상대가 편하게 이야기하도록 분위기를 만들어 주는 노력도 필요하다. 이것은 화자의 표면적인 모습이나 목소리 등에 맞추어 줌으로써 경청자가 잘 듣고 이해하고 있음을 알리는 행동이기도 하다.

이전에 중견기업의 임원을 코칭한 적이 있었다. 그분이 내게 코칭을 받으면서 경청의 중요성을 인식한 후에 직원과 대화한 내용을 들려 주었다.

"상무님, 기획서 가져왔습니다."

저녁 6시가 다 되어 강 부장은 기획서를 작성해서 왔다.

"음, 수고했네. 그런데 우리가 이야기했던 미래 계획은 안 들어 있는데, 설명 좀 해 주겠나?"

"아, 네. 그건 좀 조사하는 데 시간이 많이 걸려서요. 조사는 해 놓았는데 이번에는 미처 반영을 못했습니다."

"조사는 했다는 거군. 수고했네. 그런데 사실 지금까지 진행 상황을 정리하는 것이 반이고 미래 예측과 계획을 세우는 것이 반인데, 미래 계획이 안 되어 있으면 기획서가 완성된 것이라고 할 수 없지."

"네. 모르는 바는 아닌데, 워낙 조사량이 많고 복잡해서 주신 시간 안에서는 할 수 없었습니다."

오 상무는 이런 상황에서 이전 같으면 벌써 불호령이 떨어졌을 텐데 코칭을 받고 경청의 중요성을 알고 있는 터라 먼저 상대의 입장을 공감하려고 노력했다. 사실 강 부장은 자신에게 주어진 일은 반드시 해오는 사람인데, 이 정도로 완성도가 떨어지는 기획서를 가져온 것이 의아했다. 이것은 분명 업무상 또는 개인적으로 무슨 일이 있을 것 같은 직관이 들어 어깨를 늘어트리고 힘없이 아래만 바라보고 있는 강 부장에게 다음 질문을 했다.

"그렇지. 맞는 말이야. 미래 계획 잡는 것이 그렇게 쉬운 일은 아니지. 이해가 되네. 그런데 요즘 많이 피곤해 보이는데, 건강은 괜찮나?"

"아, 네. 건강은 괜찮습니다."

"다행이군. 그럼 조직의 구성원들은 문제 없나?"

"네. 문제없이 다 자기 일 잘하고 있습니다."

"그렇군. 강 부장이 잘해 주니까 다들 일하는 분위기가 좋더군."

"네. 제가 잘해 줘서라기보다 모두 열심히 책임감을 가지고 일하니까 제가 특별히 도와줄 것도 없습니다."

"아, 강 부장은 배려심이 많고 참 겸손해요. 그런데 우리가 같이 옆에서 일한 지 5년이 되었잖나? 그래서 강 부장에 대해 잘 안다고 생각했는데, 지난 몇 달간 얼굴이 어둡고 힘이 없어 보였어. 무슨 일이 있는지 이야기해 줄 수 있겠나?"

"그렇습니까? 제가 그렇게 보였다니. 그냥 너무 바빠서 좀 피로가 겹친 것 같은데요. 그러고 보니 사실 지난 몇 달간 몸이 좀 힘들고 자주 피곤했습니다. 안 그래도 병원에 가 볼까 하다가 또 다음 날이면 괜찮고 해서 시간이 지나면 괜찮겠지 하고 지냈습니다."

"그렇군. 내가 봐도 안 좋아 보이니 병원에 가 보는 것이 좋겠다는 생각이 드네."

"네. 그런데 늘 업무가 밀려 있으니 반나절씩 시간을 뺄 수도 없고 해서 미루다 보니 이렇게 되었습니다. 오늘 상무님 말씀을 하시니 시간을 내서 꼭 다녀오도록 하겠습니다."

오 상무는 최근 강 부장의 안색이 안 좋아 보인다는 생각을 했었는데, 역시 건강이 안 좋은 것 아닌가 걱정이 되기 시작했다. 그래서 실제로 병원에 가는 실행 계획을 확인해야겠다고 생각하고 다음 질문을 했다.

"좋아! 그럼 언제 가면 좋을 것 같나?"

"당분간은 안 될 것 같습니다. 이 기획서도 해야 되지만 지난 번에 진행하던 프로젝트도 자꾸 늦어져서 그것도 마쳐야 하고요. 또 구성원 변동이 있어서 새로 온 사람이 정착할 때까지 일을 봐줘야 하고, 새로운 직원도 아직은 더 도와줘야 겨우 자기 일을 할 수 있을 것 같습니다. 새 직원이 자기 일을 제대로 해 줘야 저도 더 중요한 일을 할 수 있을 것 같아서요."

"강 부장은 일에 대한 책임감과 열정이 대단해. 그런데 몸이 계속 그렇게 힘들면 일에 어떤 영향을 미칠 것 같나?"

"네. 이런 상태면 옛날 같지 않아서 밤샘도 힘들고 일에 대한 집중도가 높지 않아 진행이 빠르진 않을 것 같습니다. 사실 새로운 직원에게 설명하고 피드백 해주고 하는 일에도 많은 시간을 할애하고 있었는데, 부하들 돕는 것도 힘들 것 같네요."

"나도 그렇게 생각하네. 그럼 강 부장은 현재 무엇이 더 중요하다고 생각하나?"

"……"

오 상무는 강 부장이 병원에 가고는 싶지만 주변 사람들 눈치도 있고, 회사 일을 놓지 못해서 결단을 내리지 못하는 그의 마음을 느낄 수 있었다. 그래서 부담을 덜어 주고 병원에 다녀올 수 있도록 격려해야겠다고 생각하면서 다음 질문을 했다.

"이 상황에서 내가 무엇을 도와주면 좋겠나?"

"네. 그럼 오늘 이 기획서의 미래 계획 부분만 잘 보충해 놓고 먼저 병원에 다녀오는 것이 좋겠습니다."

"그래. 그거 좋은 생각이야. 그럼 미래 계획은 언제까지 완성할 수 있을까?"

"네. 그건 거의 다 되어서 내일까지는 될 것 같습니다."

"정말 거의 다 되어 있었군. 역시 강 부장이지! 그럼 내일까지 이거 마치고 언제 병원에 가면 좋을까?"

"그럼 상무님께서 이해해 주신다면 모레 금요일 오후에 가도 괜찮을까요?"

"당연하지! 내일 일을 마무리하고 나면 기분은 어떨 것 같은가?"

"네. 내일 이것만 마치면 마음이 좀 편해져서 가벼운 마음으로 병원에 다녀올 수 있을 것 같습니다."

"좋아. 편한 마음으로 다녀오길 바라네. 자네처럼 훌륭한 인재가 건강 관리 잘해서 열정적으로 일해 주면 회사도 감사한 일이지."

나와 코칭을 시작할 때에는 지시나 조언 또는 충고로 일관하는 '버럭' 상사였던 이 임원은 코칭 3개월이 지나면서 코칭의 철학과 파급 효과를 알게 된 후 변화되기 시작했다. 특히 경청이 사람을 존중하고 관계를 발전시키는 핵심이라는 것을 깨닫고, 경청과 인정, 칭찬 피드백에 힘을 기울이면서 구성원들과 공감하는 따뜻한 코치형 리더로 변화되었다. 위 대화 속의 강 부장은 병원에 간 뒤 피로가 누적되어 지병으로 발전되고 있던 위험한 병이 발견되어 몇 달간 회사에 평소와 같이 출근을 하면서 주의를 기울인 결과, 완전히 회복되었다. 그는 회사에서 없어서는 안 될 중요한 인재가 되었다는 소식을 들었다. 이 임원은 상대의 감정과 표정, 의도 등을 민감하게 관찰하고 경청함으로써 회사의 자원인 인재를 잘 관리하여 직원들에게 존경 받고 회사 발전에 큰 도움을 주는 훌륭한 리더가 되었다.

경청자는 화자가 말하는 사실뿐만 아니라 내면의 감정과 진짜 원하는 의도까지 깊이 듣는 노력이 필요하다. 사실을 듣는다는 것은 화자가 말하는 사건과 상황이 어떤 것인지 객관적으로 듣는 것이다. 자기만의 편견을 강하게 갖고 있거나 사람의 말에 집중하지 못하는 사람은 사실을 객관적으로 듣기 힘들다. 자기 식으로 판단하거나 지레짐작하여 의미를 다르게 해석하여 듣는다면 올바로 들고 있다고 할 수 없다. 그럴 경우 '내가 말한 것은 그 뜻이 아닌데' '아니 그게 아니라' 등의 혼란과 저항과 정정 등에 시간을 허비하게 되고, 의도가 관철되지 않은 채 결말이 날 우려가 있다.

다음으로 감정을 듣는다는 것은 상대의 감정이 어떤 상태인지 민감하게 느끼고 공감하는 능력이다. 상대가 말하지는 않지만 진짜 심정은 어떤 것인지, 슬픈 것인지, 기쁜 것인지, 편안한 상태인지, 불안한 상태인지, 당황스러운 것인지, 명료한 것인지 정확하게 알 수 있어야 공감을 할 수 있다. 그런 면에서 볼 때 공감이란 참으로 쉽지 않은 일이다. 현대 사회에서 교육이나 소통이 필요한 곳에서는 어디서나 공감이 중요하다고 외치고 있다. 그러나 그것이 그리 쉽지 않은 이유는 공감 이전에 먼저 사람의 감정을 민감하게 느끼고 아는 과정이 이루어져야 하기 때문이다. 상대의 감정이 어떤 상태인지 정확하게 느낄 수 있다면 공감을 할 수 있다. '의도를 경청하기'란 다른 사람의 마음속에 있는 진짜 의도가 무엇인지 분별하는 것이다. 이렇게 사람들이 진짜 원하는 것이 무엇인지 알려고 노력하는 과정은 직관력과 통찰을 키워 준다.

사람의 의도를 간파하는 것은 특히 더 중요한데, 의도를 잘 파악하려면 상대가 하는 말의 앞뒤 내용을 통합해서 상대가 진짜 원하는 것이 무엇인지, 얻고자 하는 결과가 무엇인지를 유추하는 노력이 필요하다. 의도를 명확하게 알아내려면 그 사람의 욕구, 목적, 성격, 강점, 가치, 신념, 습관 등 다양한 것을 유추할 수 있어야 한다. 그러한 것들을 짧은 대화를 통해서 알아내는 것은 쉽지 않지만 깊이 경청하면 직감적으로 알 수 있다. 만일 직관적으로도 알 수 없을 때에는 효과적인 질문을 통해서 상대가 그것을 표면화하게 도울 수 있다.

이처럼 코칭을 잘하기 위해서는 질문만이 아니라 경청 능력이 동시에 개발되어야 한다. 실제 대화에서는 질문에 앞서 상대의 상태와 필요를 잘 관찰하는 과정이 필요하기 때문에 경청이 먼저 작동되어야 한다. 그리고 질문에 상대가 답변을 하면 그에 대해서 적절한 피드백이 함께 이루어지는 상태, 그것이 바로 코칭 대화가 이루어지는 이상적인 모습이다.

코치는 피드백을 잘해야 한다

피드백은 진행되는 언행이나 일의 결과에 대해서 적절한 반응을 보이는 것이다. 코치는 고객이 자신을 돌아보고 미래를 바라보며 목적을 향해 전진하도록 돕기 위해 피드백을 한다. 코치는 고객에게 도움이 될 만한 피드백을 적시에 명료하게 제공하여 고객이 자신의 목표를 효과적으로 달성하도록 돕는다. 코치의 솔직하고 직접적이고 정중한 피드백은 고객이 자신의 가치를 느끼게 하고 자신의 강점과 가능성 등을 발견하여 목표를 향해 나아갈 수 있는 동기와 열정을 불러일으킨다.

원래 피드백feedback이란 마이크에 입력된 신호가 시스템을 통과

해 돌아오는 소리를 의미한다. 다시 말하면 이쪽에서 무언가 신호를 주면 그 소리가 다른 쪽으로 갔다가 다시 돌아오는 반응을 말한다. 코칭은 양방향 커뮤니케이션이므로 한쪽만 이야기를 하거나 일방적으로 가르치고 지시하는 것이 아니라 양쪽이 함께 상호 작용하는 과정을 통해 이루어진다. 그래서 코칭 대화는 항상 질문, 경청과 함께 피드백이 포함된 양방향 소통으로 이루어진다.

코칭에서의 피드백은 질문하여 상대의 대답을 경청한 후 이어지는 자신의 생각이나 의견을 전달하는 과정이라고 할 수 있다. 적절한 피드백은 상대의 감정을 인정하고 반응해 주며, 상대의 노력과 성장을 강화시켜 준다. 피드백을 하는 방법은 크게 세 가지로 구분해 볼 수 있다. 첫째로 수용과 공감을 위한 인정 피드백, 둘째로 동기와 행동을 강화시키는 칭찬 피드백, 셋째로 행동 변화를 촉구하는 교정 피드백이다.

먼저 인정이란 상대의 있는 그대로를 아무런 판단 없이 그냥 받아들여 주는 것이다. 사람들은 모두 크든 작든 다양한 고민과 혼란과 불안을 안고 살아간다. 그래서 이러한 마음을 들어주고 피드백해 줄 사람을 찾고 있다. 우리의 생각과 판단을 내려놓고 상대의 입장이 되어 마음의 상태를 민감하게 알아차린다면 그의 어려움을 수용해 주고 공감해 줄 수 있다. 인정은 잘하는 것을 칭찬하는 것도 아니고 변화를 요구하는 것도 아니다. 단지 마음을 함께한다는 것을 말이나 태도나 몸짓으로 나타내 주는 것이다. 우리가 사람들의 고민이나 혼란하고 불안한 마음을 그냥 있는 그대로 공감해 주는 것만으로도 상대의 불안이 많이 사라진다. 해결되지는 않아도 자신의 마음을 알아주는 사람이 있다는 것만으로도 위안이 되고 힘이 생기기 때문이다. 그래서 인정 피드백은 사람들이 힘든 일이나 어려움을 나눌 때 그 상태를 억지로 바꾸려고 시도하지 않고 그냥 있는 그대로 공감해 주는 것으로 표현될 수 있다.

다음으로 칭찬 피드백이다. 사람들이 어려운 도전을 기꺼이 감당할 수 있는 이유는 해낼 수 있을 것이라고 믿어 주는 가족, 선생, 상사, 코치, 사람들의 응원과 지지가 있기 때문이다. 혼자서 위대한 일을 이루어 내는 사람은 거의 없다. 아이들도 자신의 사소한 시도나 변화에 끊임없이 칭찬하고 격려하는 부모가 있기에 용기를 내고 새로운 것에 도전하며 성장하는 것이다. 칭찬은 가장 영향력 있는 피드백이다. 우리가 누군가를 돕고자 한다면 진정성을 가지고 사실에 입각해서 구체적으로 칭찬해야 한다. 겉모양이나 결과는 늘 변하여 다른 상황이 되어 버리면 칭찬을 지속할 수 없다. 때문에 내면적인 요소, 즉 성품이나 노력하는 태도, 강점 등을 중심으로 칭찬할 필요가 있다. 입 발린 말이 아니라 진정성 있는 칭찬을 하기 위해서는 평소에 상대에게 관심을 가지고 그의 장점, 특징, 성격 등을 관찰하고 기억해 두는 노력이 필요하다.

세 번째로 교정 피드백이다. 누군가 잘못했거나 교정이 필요할 때에 우리는 질책하거나 원인을 추궁하여 상대를 더욱 궁지에 몰아세우기 쉽다. 그러면 서로에 대해 실망하고 마음에 상처를 남기게 된다. 특히 상하 관계나 부모 자녀 관계 등에서 일방적인 지시나 질책 등은 반발을 유발하여 존중감과 신뢰를 무너뜨린다. 인간 관계가 무너지고 갈등이 발생하는 것은 대부분 이러한 일방적인 지시나 질책 때문이다.

이럴 때 우리는 서로의 관계를 보호하기 위해 샌드위치 피드백을 사용할 수 있다. 사실 실수와 교정이 필요한 때는 객관적이고 배려심 있는 피드백이 가장 필요할 때다. 샌드위치 피드백이란 먼저 상대의 실패와 어려움을 인정해 주는 것으로 시작된다. 상대가 실패를 고백할 때 그 시점까지 해온 노력이나 의도를 인정해 주는 것이다.

"아, 힘든 상황임에도 불구하고 많은 노력을 하셨군요."

그리고 이어서 문제 자체에 대해서도 가르치거나 조언을 주기보다는 먼저 스스로 대안을 찾도록 질문을 하는 것이 바람직하다. 어떤 해결 대안을 사용할 수 있는지에 대해서 여러 가지 측면에서 질문을 하면 보통의 경우 상대가 스스로 해결책을 내놓기 마련이다.

"나머지 목표를 완수할 수 있는 가장 효과적이고 빠른 방법은 무엇인가요?"

강력한 질문들에 의해 상대가 해결책을 내놓으면 이제 스스로 책임지고 실행할 준비가 된다. 그러면 마지막으로 실행에 도움이 될 강점이나 가능성 등에 대해 칭찬하는 것으로 마무리를 하면 된다. 이렇게 인정, 질문, 칭찬으로 이루어진 샌드위치 피드백은 수많은 갈등과 상처를 방지해 주고 실행을 촉진시키며 사람의 동기와 열정을 강화시켜 준다. 이렇게 샌드위치 피드백으로 가정과 조직과 사회의 갈등을 예방하고 어려움을 겪고 있는 수많은 사람들이 용기와 열정을 갖고 자신의 문제를 해결하도록 도울 수 있다.

코치 포지션을 가져야 한다

코치 포지션이란 코치가 평정한 마음과 자신감 있는 태도로 고객을 자연스럽게 코칭하는 최적의 상태를 말한다. 많은 사람들은 '코치는 질문하는 사람이다'라고 말하지만, 코치가 질문만 하는 사람은 아니다. 즉 '질문을 잘하면 코치다'라고 말할 수 없다. 그러나 질문을 포함한 코칭의 스킬을 가지고 있지 않은 사람을 코치라고 할 수도 없다. 코칭 철학을 모르고 있고 코칭 역량을 가지고 있지는 않으나 성품 좋은 사람이나 머리 좋은 사람 또는 능력이 탁월한 사람을 코치라고 부를 수도 없다. 코칭 철학을 믿고 있고 질문과 경청과 피드백 등을 포함한 주요 코칭 스킬을 체화해서 전문적인 코칭 역량을 나타내는 사람을 우리는 코치라고 부른다. 그리고 코칭 스킬을 연마한 사람에게 좋은 성품이 나타난다면 더 좋은 코치라고 할 수 있다. 나아가 지혜가 뛰어나고 경험이 풍부하며 자신감과 통찰력을 가지고 고객이 목표를 효과적으로 이루도록 돕고 있는 코치라면 더더욱 좋은 코치다. 그런 좋은 코치가 나타내는 코칭 상태를 코치 포지션이라고 한다.

좋은 코치란 코칭의 철학과 스킬이 체화되어 있고 역량이 뛰어난 성품 좋은 코치다. 갓난아기도 자기가 능력이 있다고 믿고, 뭐든지 자기가 하겠다고 떼를 쓰고 고집을 부린다. 말을 하지 못하는 완전히 무능해 보이는 아기부터 시작하여 이 세상에 존재하는 모든 사람들은 스스로 자기 방식대로 문제를 해결하고 행복을 찾아갈 수 있는 능력을 가지고 있다. 누구든지 이것을 온전히 믿을 때에만 좋은 질문을 할 수 있다. 만일 이것을 믿지 못하는 일반인이라면 조언이나 가르침을 통해 자기 식으로 다른 사람을 조종하고 통제하려고 할 것이다.

우리가 코치 포지션을 유지하기 위해서는 '내가 알고 있는 지식이나 방법이 옳다'는 생각을 내려놓아야 한다. 대신에 '나의 생각이나 지식은 다른 사람에게 아무런 소용이 없다. 사람들의 생각과 방법이 무엇인지 궁금하다'라는 생각과 호기심이 습관이 되게 해야 한다. 내가 손을 강하게 움켜쥐고 놓지 않으려고 하면 내 손에 다른 새로운 것을 잡을 수 없듯이 내가 알고 있는 지식과 신념과 고집을 내려놓지 않으면 다른 사람의 마음과 의도를 읽을 수 없다. 내가 옳다는 생각이 강하면 강할수록 다른 사람에게 가르치고 조언하려는 욕구와 내 방식대로 조종하려는 욕구가 강하게 나타난다. 코치 포지션을 유지하기 위해서는 이런 자기 고집을 완전히 내려놓아야만 한다.

우리는 성장하고 성숙해 가면서 개인에서 사회인으로, 수요자에서 공급자로 변화되어야 한다. 그렇게 변화하고 성장을 이루어 나갈 때 사회에 기여하는 사람이 되며, 사회에 기여할 때 우리는 그를 리더라고 말한다. 이렇게 변화와 성장의 단계마다 자신이 쌓아 올린 견고한 성과 자신의 성공을 가능하게 했던 틀에서 벗어나는 용기가 필요하다. 그리고 또 다음 단계로 나아가기 위해서 새로운 틀을 받아들여야 한다. 만일 우리가 과거의 틀에서 나오지 않는다면 다음 단계로 나아가지 못하고 성장은 멈출 것이다. 성장을 위해 다음 단계로 나아가야 할 때 과거에 옳다고 믿었던 나의 생각과 방법이 바로 나의 발전과 성장을 가로막는 장애물이 된다.

놓아 버림

사람들은 위기나 돌발 상황에 직면할 때 나타나는 생각과 감정이 곧 자기 자신이라고 착각한다. 그러나 그것은 우리 안에 형성된 또 다른 나, 에고ego일 뿐 진짜 자신이 아니다. 사람이 위기나 돌발 상황에서 감정이 폭발하는 것은 외부 요인 때문이 아니다. 이미 수많은 경험과 상처로 자기 안에 부정적인 감정의 패턴이 형성되어 있다가 비슷한 상황을 만나면 밖으로 표출되는 현상일 뿐이다. 전문가들은 이렇게 형성된 부정적인 내면의 모습을 '에고'라고 부르고 있는 것이다.

수많은 경험과 상처 등을 통해 형성된 또 다른 나, 에고는 평소에는 조용히 숨어 있다가 누군가가 자신의 약점이나 상처를 건드리면 본성을 드러내고 감정을 폭발시킨다. 평소에는 너무도 인상

좋고 예의 바른 사람이 어떤 상황에서 갑자기 돌변한다든가, 평소 점잖은 사람이 술만 마시면 화를 내고 폭력적으로 변하는 것은 바로 이런 이유다. 평소에는 아무렇지도 않다가 위기 때나 압박이 오면 과도한 부정적인 반응을 보이는 것이 에고의 본성이다.

에고는 많은 경우 폭력적인 모습으로 주변과 사회를 혼란에 빠뜨리기도 한다. 또한 소극적인 모습, 즉 불안, 좌절감, 우울, 슬픔, 무력감 등 다른 사람들은 눈치 채지 못하는 현상으로 나타나기도 한다. 화나 폭력적인 것은 밖으로 나타나서 사람들에게 직접적인 피해가 가기 때문에 나쁘지만, 그렇기 때문에 오히려 현상을 알기 쉬운 에고다. 그것보다 더 고질적인 것은 소극적으로 나타나는 에고다. 폭력적인 에고는 주변에 피해를 입히지만 소극적인 에고는 자신의 생명을 앗아간다. 소극적인 에고는 마음속에서 끊임없이 '너는 안 돼' '너는 할 수 없어' '너는 가치가 없어' '다른 사람이 너보다 우월해'와 같은 말을 속삭이며 자존감을 파괴한다. 그것은 미래를 향한 꿈과 목적까지도 좌절시켜서 인생을 무의미하게 만든다.

우리는 이런 에고의 존재가 거짓이고 허상이란 것을 알아야 한다. 이것은 단지 놓아 버려야 할 내 안의 잘못된 현상일 뿐이다. 파도가 바다 자체가 아닌 것처럼, 이파리가 나무 자체가 아닌 것처럼 에고는 나 자신이 아니다. 폭풍 속에서 무서운 힘으로 파도가 몰아쳐도 바다 속은 잠잠하듯, 이파리가 계절에 따라 색을 바꾸고 낙엽이 되어 떨어져도 나무는 늘 그 자리에 굳건하게 존재하듯 우리의 존재는 태어나면서부터 지금까지 줄곧 변함없이 빛나고 있다. 우리가 성장하면서 겪게 된 모든 잘못된 사건들, 실수들, 충족되지 못한 욕구는 파도와 같은 것이다. 외부의 요인에 의해 일어났다가 사라지는 것이며, 지나가는 바람과 같은 것이다. 바람이 지나가면 바다도 다시 잔잔해지고 나뭇가지도 흔들림 없이 있어야 할 곳에 있듯이 사람도 원래의 모습으로 당당하게 존재할 수 있다. 고객은 코칭을 통해 진정한 존재감과 가치를 찾게 되면 요동치지 않는 고요한 마음을 회복하고 무한한 잠재력과 가능성의 날개를 펴고 꿈과 목표를 향해 훨훨 날게 된다. 사람은 에고에서 벗어나 자신의 존재가치를 깨닫고 자신감을 갖게 될 때 창의력, 지혜, 통찰력이 제대로 작동된다.

인간의 의식과 행복의 근원을 연구하는 세계적 전문가 데이비드 호킨스David Hawkins는 『놓아 버림Letting Go』이란 책에서 "어린 시절부터 쌓아온 원망을 놓아 버리는 것에서부터 시작해 에고에서 벗어나는 것이 성장과 행복을 가져다 준다"고 말한다. 세계의 거의 모든 인간 연구자들은 인간의 성장과 행복을 '과거 자신의 상처나 부정적인 생각을 털어 버리고 자유로워지는 것'에서 얻을 수 있다고 강조한다.

놓아 버림은 무거운 물건을 떨어뜨리듯 마음속 압박을 갑작스럽게 끝내는 일이다. 예를 들면 심하게 말다툼하느라 화내고 언짢아하다가 불현듯 모든 일이 터무니없고 우스꽝스럽다는 생각이 든다. 그러면서 웃음이 터져나오면서 압박이 풀린다.

코치 포지션이란 이렇게 나의 고집을 놓아 버리고 압박에서 완전히 자유로워져서 가만히 있어도 미소가 지어지고 웃음이 터져 나오는 상태라고 할 수 있다. 우리는 이렇게 마음을 비우고 평정한 상태가 될 때 놀라운 통찰력을 가지고 의식을 확장하는 강력한 질문을 할 수 있다. 좋은 코치는 다른 사람의 변화와 위기를 자각시키기 위해서 소리를 지르거나 자극적인 언어로 강압하지 않는다. 좋은 코치는 조용하고 따뜻한 목소리로 직관력과 통찰력 있는 질문과 피드백을 함으로써 사람들의 가치와 열정을 일깨워 준다.

우리 모두는 자신의 코치가 필요하다

우리는 누구나 다 코치가 필요하다. 인간은 누구든지 태어날 때 무한한 잠재력과 위대한 가치를 가지고 태어나지만, 안타깝게도 모두가 그것을 찾아 주는 좋은 코치를 만나는 것은 아니다. 어떤 사람에게는 부모가 처음 만난 코치가 되어 주고, 어떤 사람에게는 교사가 좋은 코치의 역할을 해 주기도 한다. 자라날 때 부모나 교사가 코치 역할을 해 준 사람이라면 그들이 나의 숨겨진 재능과 성품과 가치를 하나씩 찾아 주었을 것이다. 삶을 함께하는 코치는 우리의 잦은 실수와 어리석은 언행도 너그럽게 받아 주며 조그마한 가능성이나 긍정적인 점이라도 발견하면 큰소리로 칭찬해 준다. 우리는 인생의 여정에서 만나는 다양한 코치들의 격려와 지지를 받으며 조금씩 성장한다. 우리가 무능력해 보일 때에도 완전히 실패했을 때에도 그들은 우리의 가능성을 바라보며 우리의 찬란한 미래를 믿어 준다.

코치는 우리의 인생에서 마주쳐야 하는 수많은 장애를 지혜롭게 분별하도록 해 주고, 용기와 희망을 가지고 꿈과 목적을 향해 나아가도록 해 준다. 코칭은 우리를 인생의 목적지로 순탄하게 연결해 주는 고속도로와 같다. 또한 깊은 계곡을 건널 수 있게 해 주는 다리와 같다. 그리고 코칭은 험한 산을 올라갈 수 있는 사다리가 되어 준다. 그리고 코칭은 거친 바다를 항해할 수 있는 배가 되어 준다. 보이지 않는 미래를 어떻게 헤쳐 가야 할지 막막할 때 코치는 우리의 손을 잡아 주고 함께 걸어가 준다. 우리의 인생에서 코치를 만난다면 우리는 더욱 의미 있고 지혜로운 현재를 살 수 있으며, 미래를 더욱 성공적으로 준비할 수 있을 것이다. 모든 면에서 완전히 새로운 시대에 접어든 현재, 우리 모두에게는 코치가 필요하고 우리 각 사람이 또한 누군가의 코치가 되어 주어야 한다.

Detail

Deep

Part **6**

코치가 하면
안 되는 것들

．
．
．

코치의 피드백은
막다른 길에서 더 이상 나아가지 못하는 고객에게
직관과 통찰을 일으켜서
새로운 대안을 찾게 하고
빠른 변화를 일으킨다.

．
．
．

01.
코치는 조언을 하면 안 되나?

갈등이나 의견 불일치 등은 될 수 있으면 피해야 한다고 생각하는 코치들이 상당히 많다. 그 때문에 정면 돌파해야 하는 상황이나 직면이 필요한 상황에서도 무조건적인 수용, 지나친 공감으로 문제를 회피한다. 이렇게 하면 서로가 민감한 부분을 피해갈 수 있으므로 우선은 안전하게 느껴진다. 그러나 그것으로는 문제의 본질에 도달하지 못하고 해결책으로 연결되지도 않는다. 사람들은 코치가 다른 사람이 불편해할 만한 말은 하지 말아야 하고 화도 절대로 내서는 안 된다고 믿는다.

그러나 민감한 문제를 피해가고 어떠한 상황에서도 상대의 심기를 불편하지 않게 하는 것이 잘하는 코칭은 아니다. 물론 상대의 허락 없이 민감한 문제에 개입하거나 언성을 높여서 심한 분노를 표출하는 것은 자제해야 한다. 하지만 실제로 문제를 진지하게 해결하는 과정에서는 민감한 문제를 직면시켜야 할 경우도 생기고, 단호한 말이나 태도로 고객에게 더 이상 타협하거나 물러날 수 없음을 인식시켜야 할 때가 발생한다.

국제코치연맹International Coach Federation, 즉 ICF의 7번째 코칭 스킬인 '직접적인 소통'에는 문제를 회피하지 않고 직면시키기, 자신의 생각을 나누고 피드백하기 등이 포함되어 있다. 코칭에서 피드백이란 상대의 이야기에 반응하는 태도나 표현도 포함되지만, 코치의 생각이나 느낀 점을 나누거나 직관이나 통찰 등을 나누는 것도 포함된다. 또한 ICF의 8번째 코칭 스킬인 '의식 확장하기'에서는 '고객에게 유익하고 의미 있는 통찰을 나누라' '고객에게서 말과 행동이 일치하지 않는 것이 발견될 때 사소한 문제와 중요한 문제, 상황적 행동과 반복적 행동을 구분해 줄 것을 요청하라'고 제시되어 있다.

이처럼 코칭 스킬에는 피드백이나 의견 나누기가 중요한 기술로 포함되어 있다. 코칭에서의 피드백이나 의견 나누기는 우리가 일반적으로 알고 있는 조언에 해당된다. 단, 코칭에서의 조언이 옛날의 조언과 다른 것은 '이래라 저래라' 하는 명령이 아니라 이쪽의 의견을 나눌 뿐이다. 코칭에서의 피드백이나 의견 나눔에서는 이야기를 듣는 사람이 옛날의 조언에서 늘 느끼던 강요나 압박을 느끼지 않는다. 오히려 고객은 이를 통해 새로운 깨달음과 대안을 생각해 내고, 목표나 실행을 향한 동기와 열정을 갖게 된다.

한국의 수직적 교육과 일방적인 소통 문화 속에서는 윗사람이 아랫사람에게 조언하고 충고하는 것이 일반적이다. 그러나 이런 일방적인 조언이나 충고는 상대에게 맞지 않는 경우가 대부분이다. 그럼에도 불구하고 조언과 충고에 너무도 익숙한 사람들은 이 습관을 고치지 못한 채 코칭을 포기하는 경우도 많다.

초보 코칭 훈련을 통해 조언과 충고하는 습관이 교정이 되면 고급 코칭 훈련에서는 자신의 개인적인 스타일이나 선호의 틀에서 벗어나 보다 중립적인 입장에서 사람과 상황을 보는 능력이 요구된다. 이때부터 고객에 대한 디테일한 관찰과 빠른 직관 그리고 깊은 통찰이 중요할 때다. 코치의 관찰력과 직관과 통찰력이 발달되면 이때부터 질문은 보다 깊고 넓으며 강력해진다. 또한 코치의 피드백은 막다른 길에서 더 이상 나아가지 못하는 고객에게 직관과 통찰을 일으켜서 새로운 대안을 찾게 하고 빠른 변화를 일으킨다. 따라서 고급 단계에 이르면 철저하게 중립적인 입장에서 고객의 유익을 극대화시키는 조언, 즉 코치의 피드백이 오히려 권장된다.

02.
코치는 가르치면 안 되나?

코치는 질문하는 사람이지, 가르치는 것은 안 된다고 생각하는 사람이 많다. 그러나 실제 코칭 현장에서는 고객이 지식이나 스킬이 부족하여 코칭 상황이 이해되지 않거나 필요하다고 판단될 때에 가르침이나 구체적인 설명이 이루어진다. 코칭에서 가르치지 말라고 하는 것은 정해진 지식이나 스킬을 주입식으로 일방적으로 가르치는 것을 하지 말라는 것이다. 과거에는 지식이나 능력 또는 훈련 등은 대부분 집합 교육 형식으로 진행되었다. 그것은 가르치는 사람이 지식이나 답을 다 가지고 있어서 그것을 조종할 수 있으며, 상대의 지식은 부족하고 그 지식에 접근할 능력도 한계적이라고 보는 관점에서 진행되는 것이었다. 이럴 경우, 참여자는 지식이나 스킬을 배워서 자기의 것으로 만들기 위해 그것을 일과 삶에서 스스로 적용하고 습관화해 나가야 한다. 티칭에서는 교육이 끝난 다음에 후속 조치가 포함되어 있지 않다. 만일 훈련 참여자들이 현업이나 자신의 삶에서 배웠던 내용을 실행하지 않으면 대부분의 지식과 스킬은 체화되지 않고, 참여자는 여전이 옛날 방식대로 살아가게 될 것이다.

가르침이나 훈련은 집합적으로 하루나 며칠간 진행되는 일회성 훈련이다. 여기서 배운 것을 적용할 것인지, 이것을 가지고 변화와 성장을 이룰 것인지 등은 본인의 의지와 책임에 달렸다. 그러나 이런 일회성의 교육이나 훈련을 받고 돌아가면 대부분 실행으로 연결하지 못하고 다시 과거의 생각과 언행으로 돌아가게 된다.

코칭에서도 코칭과 관련된 지식이나 스킬에 대한 가르침이 부분적으로 있을 수 있다. 그러나 코칭 자체가 현장에서 필요에 의해 발달된 학문이기 때문에 이론이 많지 않고 실용적인 스킬과 적용할 부분이 많아서 다른 훈련처럼 가르침이 많을 필요는 없다. 그래서 코칭에서는 이론이나 지식을 전달하는 과정은 아주 짧고 대부분의 시간은 질문과 대답, 피드백, 실습 등으로 이루어진 양방향 훈련 및 코칭 프로세스로 진행된다.

일 대 일 코칭이나 그룹 코칭, 코칭식 훈련 등은 모두 일부분 티칭이 포함될 수는 있으나, 이 티칭조차 대부분은 양방향 소통으로 이루어진다. 특히 코칭이 가르침이나 일반적인 집합 훈련에 비해 변화와 성장을 확실하게 만들어 내는 것으로 높이 평가받고 있다. 이것은 반복적인 만남과 실행과 피드백이 이어지고 최소한 3개월에 걸쳐 주기적으로 이루어지는 코칭 프로세스에 그 비밀이 있다. 코칭은 보통 주 1회 1시간씩 최소 3개월간 진행되는 것이 기본 프로세스다. 이렇게 하는 이유는 인간의 습관이 변화되는 최소 주기인 3개월간 코치가 고객을 반복적으로 만나서 파트너가 되어 줌으로써 확실한 변화를 이루어 내기 위해서다. 코칭은 일반 가르침이나 훈련처럼 강사가 지식 습득과 해결책을 주는 것이 아니라 고객이 가진 지식과 경험과 자원들을 찾아내고 통합하여 고객 스스로 자신의 문제를 해결해 나가면서 역량이 강화되도록 하는 것이다. 그래서 코치는 그저 파트너로 돕기 때문에 가르침이나 상담이나 컨설팅과는 다르다.

03.
코치는 닫힌 질문을 하면 안 되나?

코치의 역량을 점검할 때 열린 질문을 주로 사용하는지, 닫힌 질문을 사용하는지를 중요한 포인트로 살핀다. 닫힌 질문은 '했어요?' '안 했어요?'처럼 '예' '아니요'의 단답형으로 대답하게 되는 단순한 질문이다. 이러한 질문에서는 자세한 설명을 하거나 주도성과 창의성 등이 나오기 힘들다. 대부분 이러한 질문은 질책용으로 많이 사용된다. 예를 들면, 자녀나 부하가 무언가 실수하거나 부족할 때 "내가 그렇게 하지 말라고 했지?" "그렇게 했어, 안 했어?" 하고 다그치듯이 말하는 경우를 자주 목격하게 된다. 이것의 형태는 질문으로 이루어져 있지만, 말 자체는 질책이 목적이다. 그렇기 때문에 이런 질문을 듣는 사람은 제대로 된 대답을 하는 것이 아니라 핑계를 대거나 그 자리에서 도망가고 싶어진다.

닫힌 질문은 아니지만, 또 한 가지 코칭에서 자제해야 하는 질문의 패턴은 코치가 자신의 개인적인 궁금증을 해결하기 위한 목적으로 이루어지는 것이다. 예를 들어 "어디로 갔죠?" "몇 번째죠?"

"누가 그랬죠?" 등은 개인적인 정보를 더 알기 위한 질문이다. 개인적인 정보를 알기 위한 질문은 상대에게 아무런 유익이 없으며, 상대의 이야기할 시간을 빼앗을 뿐이다. 한국 사람들은 처음 만나는 사람에게 "어디 살아요?" "무슨 일 해요?" "나이가 몇이에요?" "결혼했어요?" 등 개인의 궁금증을 해소하기 위한 정보 탐색 질문을 줄줄이 던지는 경향이 있다. 이런 질문은 질문을 던지는 사람의 궁금증을 해소해 줄 뿐, 상대에게는 아무런 도움이 안 된다. 열린 질문은 상대가 자신을 더 자유롭게 표현하게 하고 긍정적이고 미래지향적인 대화를 하도록 열정과 동기를 올려 준다.

한편 "누구 잘못이죠?" "왜 그렇게 했지요?" 등은 이미 벌어진 과거의 잘못에 집중하여 상대를 몰아세우는 질문이다. 즉 이미 벌어진 잘못에 대해서 '누구 책임인가?'라고 추궁하는 질문인 것이다. 이미 실패한 과거를 되돌릴 수 없는 상황에서 이런 질문을 받는 사람은 무력감이 들고 위축될 수밖에 없다. 그래서 코칭에서는 '과거를 묻지 않는다'고 말한다. 과거는 이미 엎질러진 물이기에 이제부터 어떻게 개선해 나갈 것인지, 어떻게 새롭게 시작할 것인지에 집중하는 것이 훨씬 생산적이고 희망적이기 때문이다. 코칭에서 미래 솔루션 중심의 대화를 하라고 강조하는 이유도 바로 이 때문이다. 우리는 이러한 사례들을 통해 질문이라고 해서 다 좋은 것이 아니고, 또한 상대에게 다 유익한 것이 아니라는 것을 이해할 수 있다. 코치는 닫힌 질문이나 부정 질문이 아니라 긍정적이고 열린 질문을 함으로써 상대가 자유롭게 자신의 생각과 감정과 솔루션을 내어놓도록 도와야 한다.

04.
코치는 말을 많이 하면 안 되나?

코칭에서는 대화 중 말하는 비중이 코치 20퍼센트, 고객 80퍼센트가 되어야 한다고 강조한다. 즉 코치의 말이 전체 대화에서 차지하는 비중이 20~30퍼센트가 넘지 않는 것이 바람직하다는 것이다. 대화로 이루어지는 코칭에서 코치가 말을 자제한다는 것은 쉬운 일이 아니다. 아무리 좋은 질문을 한다 해도 고객이 빠르게 답변을 내놓지 않으면 이쪽의 의견을 주고 싶어진다. 이럴 때 조언이나 충고를 하고 싶은 욕구가 생긴다. 코칭 중에 고객이 답변을 생각해 내지 못하고 "당신이 좋은 답을 좀 주세요"라고 요구할 때가 많다. 이때마다 "아니오. 고객님, 코치는 답을 주는 사람이 아니라 질문만 합니다. 답은 당신이 해야 합니다" 하고 말할 수는 없다. 초보 코치 가운데 실제로 이렇게 말하는 사람도 있는데, 그러면 고객은 황당한 얼굴로 쳐다보면서 실망한 표정을 짓는다. 이럴 때 코칭에 대해서 잘 모르는 고객은 코치에 대한 기대와 희망이 사라지고 실망감을 가지게 될 수 있다. 고객이 그런 상태가 되면 코치도 당황하게 된다.

이때 코치가 사용할 수 있는 좋은 스킬이 있다. 이것이 바로 '사례로 말하기' '비유와 은유 사용하기'다. 이렇게 고객의 말문이 막히고 양쪽 다 유용한 대안이 나오지 않을 경우, 코치는 다음과 같이 말할 수 있다.

"혹시 괜찮다면 제 사례를 말씀드려도 될까요?"
"당신의 상사라면 지금 어떤 방법으로 이런 난관을 해결할까요?"
"당신이 높이 날고 있는 새라고 생각하고 높은 관점에서 현재 상황을 내려다보면 무엇이 보일까요?"
"지금의 상황을 무엇으로 비유해 볼 수 있을까요?"

이러한 질문들은 우선 고객의 시각을 바꾸어 다른 관점에서 그 상황을 보게 해 준다. 그렇게 다른 시각과 새로운 관점에서 지금의 상황을 객관적으로 보면 새로운 대안이 나올 수 있다. 이렇게 코치는 많은 말로 설명하는 대신 시각을 전환하는 질문이나 사례, 비유 등을 통해 고객 스스로 새로운 생각과 대안을 찾아내고 앞으로 전진하도록 도울 수 있다.

이런 방법은 코치가 조언을 하거나 자신이 알고 있는 지식을 말하는 것보다 훨씬 부드럽고 친절하고 또한 재미있기까지 하다. 고객에게 자신이나 상황을 다른 것으로 대체하여 이미지화하고 상상하도록 해 주면 문제에 고착되어 있던 좁은 시각이 넓어지면서 새로운 발상을 할 수 있다. 그렇게 객관적인 시각으로 상황을 바라보면 훨씬 유용한 대안을 찾을 수 있다. 소설가나 시인이 자신의 글을 비유나 은유로 표현함으로써 우리의 상상력과 감성을 자극하고 흥미를 일으키는 것과 같은 원리다. 딱딱한 이론이나 원리 원칙만 가지고 대화하는 사람과 다양하고 풍부한 표현으로 대화하는 사람의 차이와도 같다. 탁월한 코치는 말을 많이 하는 대신 이렇게 사례, 비유, 은유 등을 사용하여 생기 있고 효력 있는 대화를 이끌어 낸다. 이런 방법으로 코치는 많은 말을 하지 않으면서도 고객이 자신과 상황을 더 객관적으로 바라보도록 하며, 더 많은 아이디어와 대안을 찾을 수 있도록 돕는다.

05.
코치는 개성이 강하면 안 되나?

코치 자신을 포함하여 많은 사람들은 '코치는 고객의 모든 것을 포용하고 배려하고 수용하고 공감하고 맞추어 주는 사람'이라는 생각을 가지고 있다. 그런데 반면에 개인적인 스타일과 강점을 소중히 하라'는 말도 많이 듣는다. 이것은 앞의 말과 어딘가 대립되는 말처럼 들린다. 코치가 개성이 강하고 강점이 특출나다면 그에 맞는 분야의 지식이나 사람을 다루는 데에는 강하지만, 그렇지 않은 분야에서는 약할 수도 있다는 것을 시사한다. 만일 이과 전공 출신이고 직장에서도 기계를 다루는 일로 평생을 보낸 사람이라면 이공계에 강하고 디테일하고 체계적인 일을 잘할 수 있을 것이다. 그런 배경을 가진 사람이 전문 코치가 된다면 당연히 그쪽 분야 사람을 코칭할 때 다른 코치들보다 자연스럽고 편할 것이다. 그렇게 코치의 전문적인 지식이나 경험은 코칭 과정에서 고객에게 어떤 형태로든 영향을 미치고 도움이 될 것이다.

반면 다른 분야의 사람들을 코칭할 때에는 본인이 원래 가지고 있는 전문 지식이나 능력이 아니라 코치의 역량과 인간으로서의 성숙함과 통찰력을 토대로 객관적이고 중립적인 자세로 코칭을 해야 할 것이다. 또한 전문 지식이 아니라 성격적 특성이 강하거나 선호가 뚜렷한 경우라면 이것은 어떠한 형태로든지 코칭에도 영향을 끼칠 것이다. 합리적이고 논리적이며 정확한 성격을 가진 코치는 고객에게 따뜻함이나 친절함보다는 목표와 자원 탐색과 실행 계획 등을 세우는 데 더 강할 것이다. 즉 행동이나 변화 면에서 성과를 더 잘 이루어 낼 수 있을 것이다. 반면 따뜻하고 온화한 성격적 특성을 가진 코치는 고객을 만날 때 사람 자체에 더욱 많은 관심을 가지고 인정과 수용과 공감을 더 잘할 수 있을 것이다. 이런 성격의 코치는 반면에 강력한 행동 변화를 요구하거나 약속을 지키는 것 등에 대해서 단호하게 요구하거나 직면시키지 못할 수도 있다.

성격적 특성이 강하고 개성이 뚜렷한 것은 좋은 것이고, 코치가 자신의 스타일에 맞는 고객을 선택하는 것이 코칭 성공에 아주 중요한 요소가 된다. 하지만 초보 코치를 거쳐 전문 코치와 마스터 코치로 성장해 감에 따라 이러한 전문성이나 성격적 특성 또는 선호는 코칭하는 데 점점 영향을 끼치지 않게 된다. 그것은 오랜 기간의 경험을 통해 성숙해진 코치는 인간의 존재 자체에 대한 깊은 이해와 고객의 변화와 성장을 돕고자 하는 열정이 그만큼 크고 깊기 때문이다. 인간에 대한 깊은 이해와 사람들의 행복에 기여하고자 하는 열정이 크면 클수록 코치 개인의 전문성이나 성격적 특성은 희미해지고 배려와 포용, 지혜, 사랑의 능력이 더 커지기 때문이다.

06.
코치는 부정적인 말을 하면 안 되나?

코치가 단호하게 말하거나 화를 내는 경우 사람들은 "코치가 왜 그래?" 하고 비난한다. 이것은 코치가 비관적이거나 부정적인 생각을 가진 고객을 긍정적이고 희망적인 에너지를 가지도록 돕는 역할을 해야 한다고 알고 있기 때문이다. 고객의 에너지와 감정을 긍정적으로 전환하여 그들의 목표를 향해 용기를 내고 나아가도록 돕는 것이 코치의 중요한 역할인 것은 맞다. 그러나 어떤 때에는 억지로 긍정적인 분위기로 바꾸려고 하는 것이 상황을 더 나쁘게 만들기도 한다. 억지로 긍정적인 에너지와 분위기로 바꾸려는 노력을 하기보다는 상대의 힘든 상황, 낙담한 마음, 침체된 감정을 있는 그대로 인정하고 공감하는 태도가 필요하다.

어떤 코치는 고객의 기분이 안 좋거나 힘든 일로 수심에 차 있을 때에도 그 에너지를 돌리려는 노력을 하면서 조금이라도 좋으니 긍정적인 것을 말해 보라고 재촉한다. 또 자신의 즐거운 이야기를 하거나 목소리를 밝게 함으로써 분위기를 긍정적인 상황으로 돌려

보려고 애쓴다. 그렇게 해서 긍정적인 말이 나오면 "자, 고객님. 그런 좋은 기분을 가지고 오늘은 어떤 주제로 대화하면 좋을까요?" 하고 코칭을 시작한다. 고객이 좋은 기분일 때는 이러한 시작이 좋지만 기분이 안 좋거나 근심이 있을 때에는 맞지 않다. 고객의 기분이 좋지 않을 때 코치가 긍정적인 말로 에너지를 바꾸어 코칭을 순조롭게 시작했다 할지라도 고객의 기분이 근본적으로 좋아지는 것은 아니기 때문이다. 이럴 때일수록 억지로 기분을 바꾸려는 시도를 하기보다 오히려 상대의 힘든 감정이나 상황을 인정하고 공감해 주면 기분이 풀어지는 경우가 많다.

"아, 고객님. 그런 걱정이 있으시군요?"

"그런 일로 마음이 많이 불편했군요?"

상대가 말한 것을 인정하고 공감해 주는 노력이 필요하다. 누군가가 자신의 힘든 마음을 충분히 경청해 주고 공감해 주면 마음에 위로가 되고 편안해지면서 코칭을 할 수 있는 상태로 돌아온다. 이렇듯 고객의 힘든 마음을 공감해 주고 경청해 주는 것은 아주 좋은 관계 형성 기법이다. 긍정적인 말을 직접 하는 것이 고객의 마음을 긍정적으로 바꿔 주기도 하지만, 힘든 마음을 있는 그대로 받아 주고 공감해 주는 것도 긍정적인 마음을 가지도록 돕는다.

또한 고객이 변화와 성장을 하겠다고 결심하고 약속했지만 실행을 이행하지 않거나 약속을 지키지 않는다면 단호한 태도나 말을 해야 할 때도 발생한다. 이때는 현 상황을 직면하도록 직접적인 말로 피드백을 해야 한다.

"고객님 이렇게 실행을 하지 않고 계속 지낸다면 어떤 결과를 가지게 될까요?"

"새로운 시도를 하지 않는다면 새로운 결과를 얻을 수 없습니다. 고객님이 더 이상 새로운 시도를 하지 않는다면 우리의 코칭도 의미가 없습니다."

이와 같이 단호한 표현을 해야 할 때가 분명히 있다. 그리고 고객이 약속을 계속해서 지키지 않는다면 코치는 그 코칭 관계를 중단할 수 있다. 그러나 이 모든 경우를 포함하여 코치가 부정적인 말을 하거나 화를 내는 일은 피하는 것이 바람직하다. 대신에 중립적이고 직접적인 표현을 사용하여 고객이 자신의 문제를 직시하도록 직접적인 소통을 할 필요가 있다.